추천사

❝ 밍모닝~ 여러분 안녕하세요,
여러분의 큰 사랑을 받고 있는 게임 유튜버 밍모입니다. ❞

여러분의 꿈은 무엇인가요?
언젠가 초등학생의 꿈과 관련해서 이런 기사를 본 적이 있어요.
운동선수, 의사, 교사, 크리에이터란 직업이 가장 인기가 많은 직업으로 나와 있었는데, 그 이유로 '내가 좋아하는 일이라서', '내가 잘 해 낼 수 있을 것 같아서', '돈을 많이 벌 수 있을 것 같아서'라고 대답한 초등학생이 응답자의 절반을 넘었죠.
그 기사를 보며 저는 많은 생각을 했답니다.
내가 좋아하고, 잘 해 내고, 또 돈도 잘 벌 수 있는 직업을 가지는 것이 무척이나 어렵지만, 또 얼마나 필요한 고민인지에 대해서 말이죠.
그런 점에서 저 밍모는 좋아하고, 잘 해 낼 수 있는 꿈만과도 같은 일을 하고 있으니 참 축복받은 사람이라고 생각합니다.
물론, 여러분에게 꿈이란 건 먼 이야기처럼 느껴질 수도 있어요.
그렇다고 꿈이 없다고 걱정하거나 고민할 필요는 없지요.
하지만 내가 무엇을 좋아하고, 잘하는지, 또 나는 어떤 성향인지 나에 대해 알아가는 건 정말 중요해요.

〈미래소년 밍모〉의 주인공은 친구들과 좋아하는 게임을 하는 것을 가장 좋아하는 친구예요.
좋아하는 건 확실히 알지만, 꿈이 무엇인지는 생각해 본 적이 없지요.
그러다 학교에서 실시한 적성검사의 결과를 보고, '나의 꿈은 뭘까?'라는

심각한 고민에 빠지게 되죠. 그때, 신기한 일이 일어납니다. 게임 캐릭터 '피니'가 등장해 나의 미래 모습을 볼 수 있는 게임에 밍모를 초대한 거예요. 그때부터 게임 세계 속 밍모의 신나는 모험이 시작됩니다. 밍모가 미션을 풀어가는 과정 속에 검객, 복서, 장군, 카레이서 등 저마다의 역할을 지닌 인물들이 등장해 밍모에게 도움을 주기도 하고, 이야기의 전환점을 만들어 내기도 하지요.

여러분은 밍모와 모험을 함께하며 자연스럽게 다양한 직업을 만나게 될 거예요.
〈밍모의 직업 소환 미션〉 콘텐츠를 통해 직업의 정보와 함께 나의 성향도 체크하며 나에게 맞는 직업인지 알아볼 수도 있지요.

이 책을 통해 여러분이 내가 좋아하는 것을 알고, 나의 성향을 파악할 수 있을 거라 기대해요. 더 나아가 좋아하는 것을 더 잘할 수 있도록 차근차근 노력할 수 있는 동력도 생길 거예요. 그렇게 된다면, 여러분은 미래에 좋은 기회가 찾아올 때, 절대 놓치지 않을 겁니다!

자, 이제 밍모와 함께 신나는 모험을 하며 내가 좋아하는 게 무엇인지도 생각해 보자고요~.

여러분에겐 무엇이든 될 수 있는 무한한 가능성이 있어요.
밍모는 여러분의 꿈과 미래를 응원합니다!

등장인물

지난 줄거리
❝ 꿈이 없는 제로 세계의 희망이 되다!! ❞

비지니스맨의 실종 소식을 듣게 된 밍모 앞에 마침내 모습을 드러낸 게임 세계 회장은 엄청난 진실을 털어놓는다. 그것은 게임 세계를 지탱하는 '상상, 의지, 정의' 이 3개의 힘을 누군가에게 빼앗겼으며, 그가 꿈이 없는 제로 세계로 만들어 버리려 한다는 것! 회장은 게임 세계가 무너지기 전에 그 힘을 되찾아 주기를 부탁한다. 그리고 밍모는 '의지'가 보관되어 있었던 성에 도착하는데…!

무한 긍정 밍모
한번 게임을 시작하면 끝까지 해 내는 끈기의 소년. 게임 세계에 온 후로 자신의 부족함에 실망하기도 하고, 미처 몰랐던 힘을 끌어내 위기를 헤쳐 나가기도 한다.

알고 보니 능력자 피니
걱정 많은 밍모의 조력자. 위험에 민감하고 걱정이 폭발하기도 하지만, 엄청난 능력을 발견하게 된다.

사라진 **비지니스맨**

게임 최고의 인기 스타이자 미션 소개자. 게임 세계를 위협하는 존재에 의해 행방불명 중이다.

AI 안내자 **히어로 비서**

밍모가 게임 세계를 지탱하는 힘을 찾는 데 길을 안내하며, 정보를 제공한다.

의문의 **조커**

밍모와 피니가 의지의 성에 늘어서자 모습을 드러내어 게임을 제안한다.

말하는 **인형소녀**

고장이 난 듯 엉뚱한 말 속에 가끔 중요한 힌트를 주곤 한다.

차례

미션1 모래 계단을 올라라! — 8

미션2 밍모의 직업 소환 ❶ — 48

프로스포츠선수 / 스포츠심판 / 스포츠에이전트 / 공연기획자 /
광고기획자 / 음반기획자 / 전기설계사 / 전기감리사 /
전기설비조작원 / 프로게이머 / 프로기사 / 체스선수

직업 성격 유형 나에게 맞는 **직업**일까?

미션3 의지의 성 — 52

미션4 밍모의 직업 소환 ❷ — 104

보육교사 / 유치원교사 / 영양사 / 제품디자이너 / 캐릭터디자이너 /

패션디자이너 / 복싱선수 / 종합격투기선수 / 프로레슬러 /
우슈선수 / 공수도선수 / 태권도선수
직업 성격 유형 나에게 맞는 직업일까?

미션5 두 번째 보물 —108

미션6 밍모의 직업 소환 Ⅲ —142

조경기술자 / 플로리스트 / 조경원 / 직업군인 / 군무원 / 특수요원 / 정밀기기제조원 /
전기공학기술자 / 공작기계조작원 / 보석감정사 / 보석디자이너 / 보석세공원
직업 성격 유형 나에게 맞는 직업일까?

 직업적 성격 유형 활용법

다양한 직업을 탐색, 분류하는 데 가장 보편적으로 활용되는 존 홀랜드의 이론인 직업적 성격 유형 6가지(현실형, 탐구형, 예술형, 사회형, 진취형, 관습형)를 바탕으로 직업에 필요한 특성을 알아보고, 나의 직업적 성향을 체크해 볼 수 있어요.

당신이 이 성을 모래로 바꾸어 버린 거예요?

밍모가 화난 표정으로 다그치자 조커는 불쾌한 웃음소리를 올리며 말했습니다.

큭큭큭, 맞습니다. 원래는 단단한 돌로 된 성이었죠. 하지만 이름과 맞지 않는 것 같아서요.

무슨 말이죠?

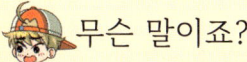

밍모가 되묻자 조커는 비웃는 듯한 말투로 대답했습니다.

'의지'는 돌처럼 강한 것이라고 생각하지만, 사실 알고 보면 바람에 날리는 모래와 같죠!

 말도 안 되는 소리예요!

밍모가 강하게 부정하자 조커가 심드렁하게 대꾸했어요.

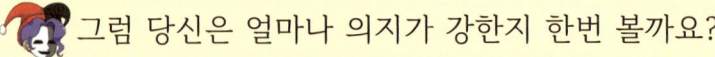 그럼 당신은 얼마나 의지가 강한지 한번 볼까요?

조커가 손에 들고 있던 카드를 '촤라락—' 펼치자, 순식간에 주변이 어두컴컴한 극장으로 변했습니다.

공간이 달라지고 있어! 의자와 무대? 이게 뭐지?

아무도 없는 썰렁한 객석에는 밍모와 피니, 둘뿐이었죠.

 갑자기 극장으로 변했어!

주위를 둘러보던 피니가 휘둥그레진 눈으로 놀라자, 피니가 경계하는 눈빛으로 귀엣말을 했어요.

환상 공간 같아. 뭐가 나올지 모르니 정신 바짝 차려야 해.

조명을 받으며 무대에 선 조커는 객석을 향해 허리를 숙여 인사하며 말했습니다.

조커의 '진실 극장'에 오신 것을 환영합니다. 그럼 이제부터 객석에 계신 당신의 지난 과거를 영상으로 감상해 볼까요? 기대하셔도 좋습니다. 정말 재밌을 거예요!

뭐라고? 내 과거 영상?

무대에 커튼이 올라가고 커다란 화면에 영상이 흘러나오기 시작했습니다. 첫 번째 장면은 공부를 하는 밍모의 모습이었어요. 방 안 책상에 앉아 집중하는 듯 보였죠.

그러나 화면 속 과거의 밍모는 30분이 지나자마자 꾸벅꾸벅 졸기 시작했습니다.

 으윽… 하필 저런 장면을…!

영상을 보던 밍모는 과거의 자신이 너무 창피해서 얼굴이 새빨개졌어요.

피니는 난처한 표정으로 밍모의 얼굴을 흘금흘금 곁눈질하며 말했습니다.

공부하다 보면 졸릴 수도 있지. 그게 뭐 잘못이야? 부끄러워할 거 없어.

그, 그런가?

이어지는 두 번째 장면은 농구 코트였습니다. 밍모는 혼자서 농구 연습을 하고 있었습니다.

몇 번 더 슛을 던지던 밍모는 마음먹은 대로 되지 않자 금세 포기해 버렸습니다. 영상을 보고 있던 밍모는 너무 부끄러워 당장 쥐구멍에라도 숨고 싶은 심정이었어요.

세 번째 장면은 길거리 편의점 앞이었습니다.

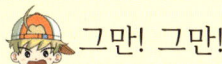 그만! 그만!

밍모가 더 이상 못 보겠다는 듯 외치자 영상이 중단되고 조커가 다시 무대 위에 나타났습니다.

후후, 어떤가요? 이 정도면 '의지'라는 게 얼마나 보잘 것 없는 건지 아시겠죠?

그러자 얼굴이 벌겋게 달아오른 밍모는 자리에서 벌떡 일어나 항의했습니다.

과거의 부끄러운 영상을 보여준다고 포기할 것 같아요? 내가 여기 온 이유는 '의지의 성'을 원래대로 되돌리고 의지를 상징하는 아이템을 되찾기 위해서라고요!

밍모가 물러설 뜻을 보이지 않자 조커는 할 수 없다는 듯 고개를 끄덕였어요.

알겠습니다. 그렇다면 대결을 피하지는 않겠습니다.

조커가 카드를 '촤라락—' 펼치자 순식간에 극장이 사라지고 다시 원래 장소로 돌아왔습니다.

그리고 밍모 앞에는 거대한 계단이 나타났습니다. 조커는 손에 든 모래시계를 뒤집으며 말했습니다.

대결 방법은 간단합니다. 이 모래시계의 모래가 다 떨어지기 전까지 계단을 올라가 꼭대기에 도착하면 되는 거죠.

좋아, 무한의 계단이라면 얼마든지 자신 있어!

그때 스마트워치에서 히어로 비서가 나타났습니다.

 계단에 뭔가 문제가 있을 거예요. 당연히 방해꾼도 나타날 테고요.

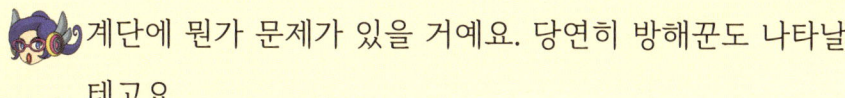 강한 의지만 있다면 오르지 못할 계단은 없어요.

그럼 이번에도 카드 세 장을 드리죠.

검은색 카드 두 장은 도움을 요청할 수 있는 소환 카드.

그리고 흰색은 직접 원하는 인물로 변신할 수 있는 카드예요.

고마워요. 그런데…

히어로 비서가 설명하는 사이 올라가야 할 계단이 나타나자 밍모는 소스라치게 놀라고 말았어요.

 계단도 모래잖아…?

모래 계단이면 발 대자마자 부스러져 버리는 거 아냐?

설마….

밍모가 조심스럽게 모래 계단 위로 한 발을 디뎌 보았습니다.

역시 피니의 예상이 옳았어요. 발이 아래로 푹 빠지더니 순식간에 모래 계단이 '파스스스—'하며 날아가 버리는 것이었습니다.

계단이 사라져…!

말도 안 돼! 이런 계단을 도대체 어떻게 오르라는 거야?

밍모가 당황해하자 조커의 비웃음 섞인 목소리가 들려왔습니다.

방금 전에 '강한 의지만 있으면 오르지 못할 계단이 없다'고 말하지 않았나요? 하긴 과거 영상을 보니 당신의 의지는 그다지 믿을만한 게 못되더군요, 후후후.

 으으으…!

밍모, 네 의지를 꺾으려는 거야. 저런 말에 신경 쓰지 마.

하지만 이건 의지만으로 해낼 수 있는 문제가 아니잖아. 발만 대도 흩어져 버리는 모래 계단을 어떻게 오르냐고.

그때 피니가 좋은 생각이 떠오른 듯 말했습니다.

흰색 카드는 변신 카드라고 했지? 선녀로 변해서 구름 타고 계단 위를 날아가는 건 어때?

좋은 방법이긴 한데 선녀는 좀….

그럼 비행기 조종사나 외계인은 어때?

그래, 날개 달린 천사나 무게가 없는 유령이 딱이야!

그때였어요. 조커가 검지를 까딱이며 밍모와 피니의 대화에 끼어들었습니다.

안타깝지만 그건 안 됩니다.

아시겠지만, 이 게임의 원칙은 반드시 두 발로 계단을 딛고 오르는 것이죠. 그러니까 날아서 올라가는 건 규칙 위반입니다.

아…, 그건 그렇네.

밍모도 조커의 말에 동의하자 피니는 시무룩한 얼굴로 투덜댔습니다.

🙁 그것도 안 되면, 발이 푹푹 빠지는 모래 계단을 대체 어떻게 오르란 말이야?

그러자 배낭 속에 들어 있던 인형소녀가 불쑥 고개를 내밀며 말했습니다.

🧡 날아가듯 사뿐사뿐 발을 디디면 되잖아!

그 말에 피니가 답답하다는 듯 말했어요.

🙁 말은 쉽지! 종이 인형도 아니고 그게 어떻게 가능해?

순간 밍모가 좋은 생각이 떠오른 듯 소리쳤습니다.

🧢 인형소녀 말이 맞아! 방법이 있어!

🙁 뭐?

밍모는 재빠르게 가방을 열어 '상상의 성'에서 얻은 마법의 연필을 꺼냈습니다.

🙂 마법의 연필?

🎭 뭐지?

조커도 마법의 연필을 보고, 흠칫했습니다.

🧡 잘 봐!

밍모는 거침없이 바닥에 뭔가를 쓱쓱 그리기 시작했어요.

밍모가 그린 건 신발 두 켤레였습니다.
하지만 평범한 신발은 아니었어요.
신발의 양쪽 옆에 날개가 달려 있었죠.

아, 뭔지 알겠다!
피니도 그제야 알아차린 듯
신나서 소리쳤습니다.

짜잔! *헤르메스의
날개 달린 신발!
밍모가 외치자 바닥에 그려진
두 켤레의 날개 달린 신발이
'뽕―' 하고 나타났습니다.

굉장하다! 근데 그냥 변신 카드를 써서 헤르메스로 변해도
됐을 텐데?

피니의 말에 밍모가 씩 웃으며 답했습니다.

그럼 카드 한 장을 써 버리게
되잖아. 신발도 한 켤레뿐이라
나 혼자만 오를 수 있고…!

아, 그렇구나.
밍모의 의도를 이해한 듯 피니가 고개를
끄덕였어요.

*헤르메스 : 그리스·로마 신화의 올림포스 12신 중 하나로 도둑·나그네·상인의 신이자 전령의 신이다.
날개 달린 모자와 날개 달린 샌들을 신고 마법의 망토를 두른 모습으로 표현된다.

자, 그럼 날개 달린 신발로 갈아 신고 사뿐사뿐 가 볼까?
 좋았어!

헤르메스의 날개 달린 신발을 신은 밍모와 피니는 곧바로 모래 계단을 오르기 시작했습니다.

와! 정말 모래에 발이 빠지지 않고 계단을 오를 수 있네?

슈우웃-

헤헷! 계단을 발로 디딘 거니까 규칙 위반은 아닌 거죠?

약 올리는 듯한 말투에 조커는 분노를 억누르며 고개를 저었어요.

크으, 약삭빠른 녀석이군. 저런 방법을 생각해 내다니, 만만하게 봐선 안 되겠어.

조커는 '촤라락—' 하고 손에 들고 있던 네 장의 카드를 펼쳤습니다.

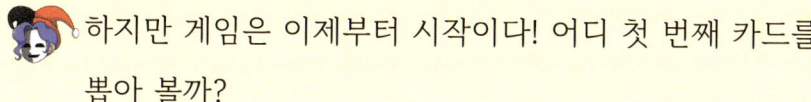하지만 게임은 이제부터 시작이다! 어디 첫 번째 카드를 뽑아 볼까?

그리곤 손에 든 카드 중에서 '쑤욱—' 하고 빨간색 다이아몬드 에이스 카드를 뽑으며 외쳤습니다.

나와라! 방해꾼!

그러자 '콰르릉—' 하고 번개가 치며 누군가 모습을 드러냈습니다.

날개 달린 신발을 신고 빠르게 모래 계단을 오르던 밍모와 피니는 요란한 천둥소리에 깜짝 놀라 그 자리에 멈춰 섰습니다.

 뭐, 뭐지? 방금 그건…?

 아, 저기…!

피니가 가리킨 계단 앞쪽엔 번개소녀가 길을 막아선 채 노려보고 있었어요.

> 넌 누구지?

> 난 번개소녀.
> 내 번개맛을 보기 전에 그만두는 게 좋을 거야.

번개소녀가 거만한 표정으로 말했지만 그런다고 포기할 밍모가 아니었습니다.

 그런다고 내가 겁먹을 것 같아?

 난 겁을 주려는 게 아냐. 따끔한 맛을 보여 주려는 거지.

 뭐?

분명히 경고했어. 두 번째 기회는 없다.

그러더니 눈빛을 매섭게 빛내며 큰 소리로 외쳤습니다.

내려쳐라, 번개!

'콰과광—' 하는 엄청난 소리가 울리며 밍모와 피니에게 번개가 떨어졌습니다.

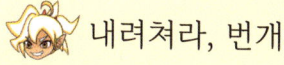

으으으, 머리가 찌릿찌릿… 어질어질해….

나 살아 있는 거 맞지?

밍모와 피니는 번개 충격에 넋이 나갈 것만 같았어요.

이들을 지켜보고 있던 조커는 피식 웃으며 말했습니다.

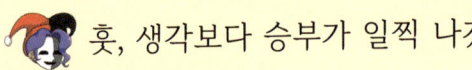 훗, 생각보다 승부가 일찍 나겠군.

번개소녀는 마치 너그러운 척 타이르기 시작했어요.

방금 그건 살짝 따끔한 맛보기일 뿐이야. 내가 제대로 실력을 발휘했다면 너희는 이미 이 세상 사람이 아니었을걸.

으으으….

어쩌지? 저 녀석 진심인 것 같은데?

나도 참…, 두 번 기회는 주지 않겠다고 말해 놓고….

번개소녀는 나직이 한숨을 쉬며 말했습니다. 그러더니 다시 살기가 가득한 눈빛을 번뜩이며 밍모와 피니를 바라봤습니다.

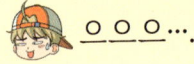 어쩔 테냐? 목숨이 두 개가 아니라면 이쯤에서 포기하는 게 좋겠지?

번개소녀의 손끝에서는 '파직파직—' 시퍼런 번갯불이 번쩍였습니다. 피니는 당장이라도 번개를 내리칠 것만 같은 번개소녀의 기세에 완전히 눌려버렸어요.

그렇다고 순순히 물러설 수는 없지!

밍모는 번개소녀의 위협에도 물러서지 않고 소환 카드 한 장을 꺼냈습니다. 그러자 '번쩍—' 하고 누군가 나타났어요.

 응?

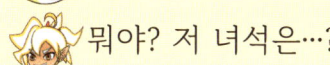 뭐야? 저 녀석은…?

카드가 소환한 인물은 다름 아닌 '검객 달타냥'이었습니다.

 누구지?

 알겠다. 저 사람은 '삼총사'에 나오는….

 그렇다! 이 몸은 검객 달타냥! 정의의 검으로 세상의 모든 어둠을 베어 버리는 검객이시다!

검객 달타냥은 자기소개를 마치자마자 마치 자신의 검술을 뽐내려는 듯 날렵한 동작으로 날카로운 검을 휘두르며 '휙휙휙' 바람 소리를 냈어요.

 아아, 아무래도 번개소녀의 상대는 못되겠어.

번개소녀도 새어 나오는 웃음을 참지 못해 입꼬리를 실룩거리며 말했습니다.

 훗, 어이가 없군! 저런 녀석으로 날 상대하겠다고?

멀리서 지켜보던 조커 역시 폭소를 터뜨렸습니다.

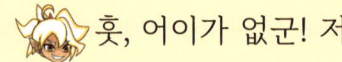 하하하! 이걸로 게임 끝! 기껏 불러낸 게 검객이라니 더 이상 볼 것도 없겠군.

하지만 밍모의 생각은 달랐어요.

 아니, 내가 보기엔 번개소녀에게 아주 딱인데?

 뭘 보고? 고작 뾰족한 검 하나로 저 무시무시한 번개를 어떻게 상대해?

피니가 발끈했지만 밍모는 자신만만한 얼굴로 고개를 끄덕였습니다.

 응, 바로 그 뾰족한 검이 번개를 막을 유일한 방법이 될 거야. 번개를 이길 테니, 한번 지켜보라고.

듣고 있던 번개소녀는 자존심이 상한 듯 얼굴을 무섭게 일그러뜨렸어요.

 내 인내심은 여기까지!

그러더니 번개소녀의 온몸에서 빛이 번쩍거리기 시작했습니다.

이제부터 벌어지는 일은 내 말을 무시한 너희 자신을 탓해라!

파지직

으아아앗!!

큰일 났어, 밍모! 저 녀석, 화가 단단히 났다고!

깜짝 놀란 피니가 이곳을 벗어나려는 듯 등을 돌렸어요.

그러나 밍모는 담담한 표정으로 검객 달타냥을 보며 이야기했어요.

그 검을 바닥에 꽂아 주겠어요?

 응? 저 녀석을 상대로 싸우는 게 아닌가…?

 네, 뾰족한 검끝이 위를 향하게 부탁해요!

검객 달타냥은 잠시 갸우뚱했지만 결국 밍모가 시키는 대로 자신의 검을 모래 계단 위에 '푹' 꽂았습니다.

 이젠 뭘 하면 될까?

 다 됐어요. 아무것도 하지 않고 가만있으면 돼요.

 이게 전부라고?

검객 달타냥은 여전히 이 상황이 이해되지 않았어요.

피니도 바닥에 꽂힌 검을 보며 고개를 갸우뚱했습니다.

 밍모, 도대체 어쩔 생각이야?

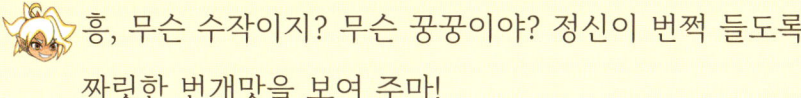 흥, 무슨 수작이지? 무슨 꿍꿍이야? 정신이 번쩍 들도록 짜릿한 번개맛을 보여 주마!

번개가 밍모 일행의 머리 위로 내리치는 순간!

번개의 방향이 바닥에 꽂힌 검끝으로 휘어지더니 '찌리릿—' 하며 그 안으로 모두 빨려 들어갔습니다.

그 광경을 지켜보던 모두가 예상치 못한 상황에 아무 말도 하지 못했습니다.

오직 밍모 혼자만이 여유 있게 팔짱을 낀 채, 모든 걸 예상하고 있었다는 듯 미소를 지었어요.

훗, 어때? 백만 볼트가 아니라 천만 볼트 번개라도 무섭지 않다고!

파지직~

아, 금속으로 된 검객 달타냥의 검이 *피뢰침 역할을 하는 거구나?

괴, 굉장해! 번개를 흡수하다니…. 내 검에 이런 능력이 있었나?
당황한 건 조커도 마찬가지였습니다.
이, 이럴 수가…!
잔뜩 화가 난 번개소녀는 온몸이 번쩍거렸습니다.
크으윽, 말도 안 돼! 지금껏 나의 번개 공격을 막아 낸 건 단 한 명도 없었어!

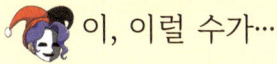
*피뢰침 : 번개를 대신 맞도록 만든 금속 도구로 높은 곳에 뾰족하게 세운다.

연달아 번개가 내리쳤지만 그때마다 피뢰침이, 아니 검객 달타냥의 검이 모두 흡수하여 땅속으로 전기를 흘려 보냈습니다.

사방이 번쩍거렸지만 밍모와 피니는 더 이상 겁을 낼 필요가 전혀 없었습니다.

봐, 우린 손 하나 까딱 안 하고 번개소녀를 상대할 수 있다고!

하하하! 굉장해! 불꽃놀이를 보는 기분이야!

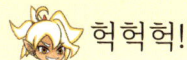 헉헉헉!

한꺼번에 너무 많은 힘을 쓴 번개소녀는 기진맥진해서 숨을 몰아쉴 수밖에 없었어요. 겨우 힘을 모았으나 '파직파직—' 하며 불꽃이 튀었을 뿐, 결국 번개를 더 만들어 낼 수 없을 정도로 힘이 빠져 버렸지요.

더는 안 되겠어. 피뢰침은 정말 무시무시하군….

번개소녀는 하얗게 질린 얼굴로 한숨을 쉬듯 마지막 말을 남기며 사라졌습니다.

성공이다! 첫 번째 방해꾼 해결!

피니가 신나서 소리쳤습니다.

밍모, 대단한 아이디어야! 이런 방법이 있을 줄은 몰랐어!

인형소녀도 어느새 배낭에서 얼굴을 내밀고 있었어요.

흠, 내 검이 이런 용도로 쓰일 거라고는 생각 못했는걸. 나도 하나 배웠어.

검객 달타냥은 바닥에 꽂혀 있던 자신의 검을 도로 '쓱—' 뽑아 들더니 뿌듯한 표정으로 미소를 지으며 사라졌습니다.

자, 얼른 계단을 오르자!

좋았어!

날개 달린 신발을 신은 밍모와 피니는 다시 서둘러 계단을 뛰어오르기 시작했습니다.

크으으, '상상의 성'에서 개구쟁이가 당한 이유가 있었군. 방심하면 안 되겠어.

지켜보던 조커는 들고 있던 나머지 세 장의 카드에서 또다시 카드 한 장을 '쏙' 뽑았습니다.

이번엔 검은색 스페이드 에이스 카드였습니다.

이런, 이런…
이거 너무 무서운 카드가 나와 버렸잖아?
기대해라, 이번엔 반드시…!

밍모와 피니는 계속해서 날개 달린 신발을 신고 사뿐사뿐 모래 계단 위를 오르고 있었어요.

이제 반쯤 오른 것 같지?

응, 근데 슬슬 뭔가 또 나타날 때가 된 거 같은데….

피니가 속도를 줄이며 약간 불안한 표정으로 주변을 살펴봤어요.
그러자 '스스스—' 하며 사방에서 어두운 기운이 몰려들기 시작했습니다.

그때였어요. 어디선가 음침한 목소리가 들려왔습니다.

 밍모… 밍모…. 밍모가 누구지?

듣기만 해도 온몸에 소름이 돋는 섬뜩한 음성이었습니다.

 뭐지? 이 오싹한 느낌은…?

 근데 나를 찾고 있잖아?

밍모가 눈을 비비고 앞을 바라보니 조금 위쪽에 사람 형상의 시커먼 무언가가 보였습니다.

검은 옷에 검은 모자… 저건 뭐야?

좀 더 눈에 힘을 주고 자세히 보니 드디어 또렷한 모습이 눈에 들어오기 시작했습니다.

순간 밍모의 얼굴색이 새파랗게 변했습니다.

웬만해서는 겁먹거나 당황하지 않는 밍모가 그렇게 놀란 얼굴은 처음이었어요.

 왜 그래? 밍모?

피니가 묻자 밍모는 온몸이 뻣뻣하게 굳어진 상태로 중얼거렸습니다.

 저, 저건 모자가 아니라 삿갓이야….

 응? 근데 왜…?

피니의 의아한 표정에 밍모는 덜덜 떨며 대답했어요.

저 모습은…
저, 저승사자 ….

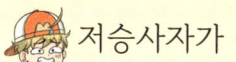 저승사자가 틀림없어…!

밍모가 그 이상 입을 떼지 못하자 배낭에 있던 인형소녀가 고개를 내밀며 말했어요.

 죽은 사람의 영혼을 저승으로 데려가는 거야!

 뭐? 그 얘기는…?

그제야 피니도 밍모가 새파랗게 질린 이유를 알고 화들짝 놀랐습니다.

저승사자는 밍모의 얼굴이 그려진 두루마리를 펼쳐 들고 무표정한 얼굴로 중얼거렸습니다.

 밍모란 녀석을 찾아야 하는데….

그리고는 고개를 돌려 밍모의 얼굴을 스윽 바라봤습니다.

짜릿!

찾았다…
거기 있었구나…
밍모….

헉!

저승사자와 시선이 마주친 밍모는 움찔하며 한 걸음 뒤로 물러섰습니다.

 아직 나이가 어린데 안타깝군…. 하지만 삶과 그 끝은 이미 정해진 것…. 어쩔 수 없지…. 가야 할 때가 됐으니….

그러자 밍모는 고개를 가로저으며 소리쳤습니다.

시, 싫어요! 난 아직 할 일이 많아요! 엄마랑 아빠한테 고맙다고, 사랑한다는 말도 못했는데…. 친구들도, 선생님도…. 그리고 아직도 세상엔 해 보지 못한 게임이 너무 많단 말이에요!

처음엔 다 너처럼 말하지…. 하지만 곧 운명을 받아들이게 될 거다….

 아, 안 돼! 절대 싫어!

놀란 밍모는 올라왔던 계단을 무작정 거꾸로 뛰어 내려가기 시작했어요.

> 으아아아~!!

> 밍모! 거긴….

피니는 안타까운 표정으로 도망치는 밍모를 멍하니 바라볼 뿐이었어요. 밍모의 두려움을 짐작하기에 잡을 수도 없었지요.

 참으로 어리석구나…. 도망쳐서 운명을 피할 수 있다고 생각하다니….

한편, 멀리서 지켜보던 조커는 재밌다는 듯 크게 웃었습니다.
하하하~ 이렇게 간단한걸! 이제 보니 의외로 겁쟁이였네!

밍모는 계속해서 뒤도 돌아보지 않고 계단을 뛰어 내려갔어요.
저승사자의 눈에 띄지 않게 숨어야 해!
그때 뒤에서 누군가가 정신없이 도망치는 밍모의 머리카락을 잡아당겼습니다.
으아아! 누, 누가 내 머리카락을…! 이거 놔, 놓으라고!
밍모를 잡아당긴 건 다름 아닌 인형소녀였습니다.
밍모, 나야 나! 인형소녀! 정신 차려, 정신 차리라고!
제, 제발 날 붙잡지 마! 난 아직 저승에 가고 싶지 않단 말이야! 하고 싶은 일이 얼마나 많은데…!

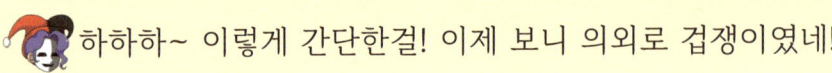

순간 밍모는 '쿵—' 하고 머리를 한 대 맞은 기분이 들었어요. 그리곤 그 자리에 우뚝 멈춰 섰습니다.

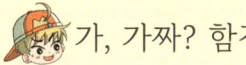 가, 가짜? 함정?

그래, 모르겠어? 저 저승사자는 조커가 불러낸 두 번째 방해꾼이야!

인형소녀의 말에 밍모는 혼란스러웠던 머릿속이 진정되는 것을 느꼈습니다.

그랬구나. 내가 바보 같았어. 어렸을 때 TV에서 본 저승사자가 정말 무서웠거든. 그때의 기억이 되살아나서 나도 모르게….

정신을 차린 밍모는 힘없이 그 자리에 털썩 주저앉으며 중얼거렸어요.

 이제 알겠어. 진짜가 아니란 걸 알면서도 내가 왜 그렇게 저승사자를 무서워했는지….

 …?

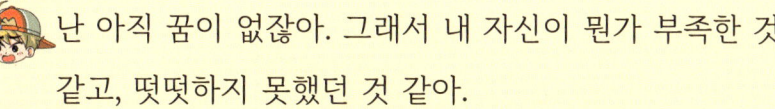 난 아직 꿈이 없잖아. 그래서 내 자신이 뭔가 부족한 것 같고, 떳떳하지 못했던 것 같아.

 그렇지 않아.

 응?

꿈이 없다고 잘못된 건 아니야. 그건 앞으로 얼마든지 생길 수 있고, 또 여러 번 바뀔 수도 있는 거야. 그것 때문에 위축될 필요 없어. 무엇이든 긍정적으로 생각하고 행동하는 네 모습에 자신감을 가져!

 그래…, 알겠어.

 자, 시간이 없어! 널 겁주고 속인 저승사자를 혼내 줘야지! 그리고 어서 나머지 계단을 올라야 해!

그때 밍모의 머릿속에 스치는 것이 있었어요.

 아, 피니! 피니가 혼자 있는데…!

미션 2 망모의 직업 소환 Ⅰ

① 프로스포츠선수

어떤 일을 하나요?
야구, 축구, 농구, 배구 외에도 다양한 종목의 스포츠를 직업으로 삼는 선수들이에요. 주로 기업의 후원을 받는 프로리그의 팀에 소속되어 활약하지요.

어울리는 직업

스포츠심판 공인된 전문 자격증을 갖고 각 스포츠 경기를 진행하며 판정해요. 선수 보호와 경기 안전을 우선으로 경기에 임해요.

스포츠에이전트 프로스포츠선수의 계약 협상, 경기력 및 체력 훈련 지원, 후원과 광고 및 미디어 출연 섭외 등을 지원하고 성장을 도와요.

직업 성격 유형 (현실형(R))
구체적이고 체계적이며 몸으로 부딪혀 문제를 해결하는 유형

- 성실함
- 체력
- 질서정연
- 원칙주의
- 성취감
- 끈기
- 공간지각력
- 신중함

나에게 맞는 직업일까? ✓ 나와 가까운 항목을 체크해 보아요.
- ☐ 시합 등에서의 승부에 욕심이 있어요.
- ☐ 성실하게 생활하는 편이에요.
- ☐ 기초 체력이 좋은 편이에요.
- ☐ 달리기나 점프 등 잘하는 운동이 있어요.
- ☐ 규칙을 잘 이해하고 지키는 편이에요.
- ☐ 팀이나 단체 내에서의 역할을 잘 지켜요.

4개 이상이면 **현실형 직업**과 가까워져요.

❷ 공연기획자

어떤 일을 하나요?

연극, 뮤지컬, 콘서트, 페스티벌 등 다양한 공연을 기획하고 진행 과정을 총괄해요. 아이디어부터 작품 선정, 아티스트 발굴, 예산과 일정 등 폭넓은 업무를 하지요.

어울리는 직업

광고기획자 기업이나 브랜드의 상품과 서비스를 알리고 광고주가 원하는 광고를 기획, 제작하여 소비자의 눈길을 끌도록 해요.

음반기획자 국내외 음반 시장을 파악하여 음반을 기획, 가수 및 작곡·작사가를 섭외해 녹음하고 홍보 및 사업 전체를 총괄해요.

직업 성격 유형 — 예술형(A)

다양한 자원을 이용하여 새로운 것을 창작하는 활동을 하고 싶어 하는 유형

- 상상력
- 독창적
- 개방적
- 창조적
- 미적 감각
- 손재주
- 집중력
- 뚜렷한 개성

나에게 맞는 직업일까?

☑ 나와 가까운 항목을 체크해 보아요.

- ☐ 상상력과 감수성이 풍부한 편이에요.
- ☐ 좋아하는 일은 시간에 상관없이 집중해요.
- ☐ 기계를 잘 다루고 손재주가 있어요.
- ☐ 몸으로 하는 일에 자신 있어요.
- ☐ 영화, 공연 등 대중문화에 관심이 많아요.
- ☐ 다른 사람과 협력하는 것이 어렵지 않아요.

4개 이상이면 **예술형 직업**과 가까워져요.

미션 2 망모의 직업 소환 Ⅰ

❶ 전기설계사

어떤 일을 하나요?

건축물의 전기 설비를 설계하고 도면을 작성하여 전기 시설물을 설치해요.
각 건물들의 전기 시설을 확인해서 안전하게 사용할 수 있도록 감독하기도 해요.

어울리는 직업

전기감리사 아파트나 건물 등의 전기 시설물의 설계와 설치, 운영 및 유지 보수 등이 안전하게 운영되도록 감독하고 관리해요.

전기설비조작원 건물 내에 설치되어 있는 전기 시설과 기계를 다루어요. 전기 시스템이 원활하게 작동될 수 있도록 만들어요.

직업 성격 유형 현실형(R)

구체적이고 체계적이며 몸으로 부딪혀 문제를 해결하는 유형

- 성실함
- 체력
- 질서정연
- 원칙주의
- 성취감
- 끈기
- 공간지각력
- 신중함

나에게 맞는 직업일까?

나와 가까운 항목을 체크해 보아요.

- ☐ 수학과 과학 과목에 흥미가 있어요.
- ☐ 규칙과 원칙에 맞춰 움직이는 편이에요.
- ☐ 신체 능력이 뛰어나고 체력이 좋아요.
- ☐ 정리를 잘 하는 편이에요.
- ☐ 사람들과 소통하는 것이 어렵지 않아요.
- ☐ 규칙을 따르고 지키는 것을 잘해요.

4개 이상이면 **현실형 직업**과 가까워져요.

❷ 프로게이머

어떤 일을 하나요?

회사나 팀에 소속되어 각종 게임의 기술 및 전략을 익히고 연습하여 대회에 참가해 우승하는 게 목표예요. 새 게임의 테스트를 하거나 홍보, 시연회 등을 하기도 해요.

어울리는 직업

프로기사 바둑을 연구하고 연습해 대회에 나가 다른 기사들과 실력을 겨루고, 더 많은 사람들이 바둑을 즐기도록 보급에 힘써요.

체스선수 체스 경기를 통해 다른 체스 선수와 대결하고 실력을 겨뤄요. 국내 보다는 해외 대회의 우승 상금이 높고 인기가 많은 편이에요.

직업 성격 유형 — 탐구형(I)

지적, 논리적이며 호기심이 많고 독립적인 유형

- 지적 호기심
- 신중함
- 분석적
- 집중력
- 독립적
- 인내심
- 수리논리력
- 문제 해결력

나에게 맞는 직업일까?

☑ 나와 가까운 항목을 체크해 보아요.

- ☐ 시력과 청력이 예민하고 발달된 편이에요.
- ☐ 집중력이 높은 편이에요.
- ☐ 문제 해결을 위해 논리적으로 생각해요.
- ☐ 컴퓨터나 기계 등을 잘 다뤄요.
- ☐ 주어진 규칙을 잘 따라요.
- ☐ 새로운 정보를 이해하는 속도가 빨라요.

4개 이상이면 **탐구형 직업**과 가까워져요.

직업 소환 미션 성공! 다음 미션으로 고고!

밍모는 정신이 돌아오자 그제야 피니 생각이 났어요. 도망치기 바빠서 계단 위쪽에 피니를 혼자 남겨 놓고 왔다는 걸 깜빡한 거죠.

너무 무서워서 피니 생각을 못했어! 그새 저승사자가 무슨 짓을 했으면 어쩌지?

그러자 인형소녀가 말했습니다.

별일은 없을 거야. 일단 올라가 보자.

그래, 어서 가자.

밍모는 고개를 끄덕한 뒤 다시 계단을 오르기 위해 앞으로 발을 내디뎠습니다.

하지만 또다시 저승사자와 마주쳐야 한다는 생각에 다시 몸이 떨려와 마음처럼 계단을 오를 수가 없었어요.

밍모를 지켜보던 인형소녀는 한층 부드러우면서도 확신에 찬 말투로 타일렀어요.

겁낼 것 없다니까. 다시 한 번 말하지만 그는 널 데리러 온 진짜 저승사자가 아니야. 조커가 불러 낸 방해꾼일 뿐이지. 겁을 줘서 계단을 오르지 못하게 하려는 거야.

그러자 비로소 밍모는 용기를 내 주먹을 꽉 움켜쥐었어요. 이어 한 발 내딛은 밍모는 숨을 골랐어요. 그러고는 계단을 성큼성큼 다시 오르기 시작했습니다.

등 뒤 배낭 속의 인형소녀 또한 혼잣말을 중얼거렸어요.

밍모, 넌 할 수 있어! 나도 온 힘을 다해 도울게.

한편 멀리서 지켜보던 조커는 밍모가 다시 계단을 오르는 모습을 보고 흠칫 놀라고 말았어요.

응? 저 녀석, 저승사자에게 겁을 먹고 완전히 포기한 줄 알았더니…?

하지만 조커는 손에 든 모래시계를 슬쩍 쳐다보곤 입가에 여유 있는 미소를 지었습니다.

한편 밍모가 도망친 뒤 그 자리에 혼자 남은 피니는 어떻게 반응해야 할지 몰라 저승사자 앞에서 우물쭈물하고 있었어요.

밍모가 저승사자를 이렇게 무서워할 줄은 몰랐어. 이제 나 혼자 어떡하지….

그 모습을 보고 있던 저승사자는 피식 웃음을 지으며 말했습니다.

밍모라는 네 친구 녀석, 정말 비겁하지 않나…? 저만 살겠다고 친구를 내팽개치고 도망치다니 말이야….

*으름장을 놓다 : 말과 행동으로 위협하다.

그 말에 피니는 발끈했습니다.

밍모는 그런 친구가 아니야! 갑작스러운 상황에 생각보다 행동이 앞선 것뿐이라고!

그러자 저승사자는 계속해서 비웃음을 띤 채 말했습니다.

훗…, 그래도 친구라고 녀석을 감싸다니 정말 안타깝군. 저런 녀석을 도와줄 필요가 있을까?

그런다고 내가 포기할 것 같아? 난 반드시 밍모를 도와서 게임 세계를 지켜내고 말 거야! 그리고 네가 모르는 게 있는데 밍모는 곧 다시 돌아올 거야! 이대로 도망칠 겁쟁이가 아니라고!

그 말을 들은 저승사자는 어두운 눈동자를 빛내며 *으름장을 놓았어요.

흠, 그럼 밍모가 돌아오기 전에 네 녀석부터 먼저 처리해 주마.

그러고는 싸늘한 눈으로 도포 자락 안에서 뭔가를 꺼냈습니다.

그건 저승으로 데려갈 사람들의 이름이 적혀 있는 두루마리였어요.

저승사자는 눈을 가늘게 뜨고 두루마리를 펼쳐 거기에 적혀 있는 이름들을 천천히 훑어보았습니다.

후후…, 잘 모르나 본데 여기엔 사람 이름만 있는 게 아냐. 동물부터 작은 벌레, 요정이나 괴물들까지 모든 생명체의 이름이 들어 있다…. 그러니까 살아 있는 자는 그 누구라도 한 번은 이 세상을 떠날 때 나를 만나게 된다는 것이지….

뭐?

그 말을 듣고 깜짝 놀란 피니는 걱정스런 얼굴로 저승사자를 빤히 쳐다보았어요.

🐥 뭐, 뭐야, 지금 괜히 겁주는 거 아냐?

🎩 뭐, 물론 수명이라는 건 내가 정하는 게 아니지. 하지만 세상을 떠나는 생명체의 숫자는 너무 많기 때문에 그중 한둘 정도는 내가 순서를 슬쩍 바꿔 버려도 아무도 모른다는 것도 알려 주마. 후후후….

🐥 그, 그건 나쁜 짓이잖아!

🎩 어디 보자… 피리리, 피비, 피어니, 피포, 피피….

한참 명단을 이리저리 살펴보던 저승사자는 뭔가 이상하다는 듯 고개를 갸웃했습니다.

🎩 응? 아무리 봐도 피니라는 이름이 없는데…?

당황한 저승사자를 보며 피니는 통쾌한 웃음을 지었습니다.

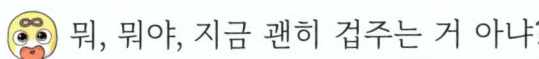

"살아 있는 생명체라면 여기에 이름이 없을 리 없어!"

"이게 어떻게 된 일이지?"

"그것 봐, 내가 뭐랬어. 난 아직 널 따라갈 때가 아니라니까~."

그러자 저승사자는 잔뜩 긴장한 표정으로 피니를 바라봤습니다.

- 네 녀석의 정체는 뭐지…?
- 글쎄, 하지만 한 가지는 확실해. 넌 날 못 건드려!
- 헉!
- 그래, 밍모가 오기 전에 내 손으로 저승사자를 처리하는 거야.

그런데 난 소환 카드도 없는데 저 녀석을 어떻게 상대하지?
잠시 뭔가를 생각하던 피니의 머릿속에 좋은 방법이 퍼뜩 떠올랐어요.

인형소녀가 했던 말이 생각난 피니는 지난번처럼 자신의 이마에 있는 무한대(∞) 문양을 손가락으로 '꾹—' 눌렀어요.

하지만 아무런 변화가 없었죠.

 어? 이게 아닌가?

 지금 뭘 하는 거냐?

 아, 맞다! 한 번, 두 번, 길게 누를 때, 모두 다르다고 했지? 그럼 이번엔….

그리고는 자신의 이마를 '꾸욱— 꾹—' 두 번 눌렀습니다.

그때였어요.

 어어어…!

이, 이게 뭐야?

덜덜

저승사자는 너무 놀라 입이 쩍 벌어지고 말았습니다. 과연 피니에게 어떤 변화가 일어난 걸까요?

피니에게 무언가 큰 변화가 일어난 순간!

때마침 밍모도 계단을 뛰어올라 피니가 있는 곳에 도착했습니다. 숨이 턱까지 차올랐지만 혼자 두고 온 피니 걱정에 쉬지 않고 단숨에 뛰어온 거죠.

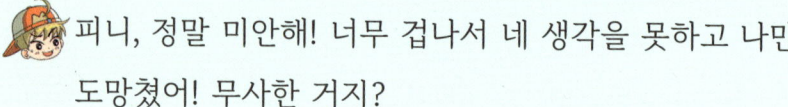 피니, 정말 미안해! 너무 겁나서 네 생각을 못하고 나만 도망쳤어! 무사한 거지?

다급한 목소리로 주변을 두리번거리며 피니를 찾던 밍모는 눈앞에 펼쳐진 놀라운 광경에 우뚝 멈춰서고 말았습니다.

어, 어떻게 된 거야…?

깜짝

그곳엔 몸집이 거대해진 피니가 서 있었던 거예요.

와! 거대화 버튼을 눌렀구나? 거 봐, 내가 뭐랬어! 피니에겐 여러 가지 특수 기능이 숨겨져 있다고 했지?

 거대화?

 응, 그렇다니까!

몸집이 15m 정도로 거대해진 피니는 돌아온 밍모를 내려다보며 약간 멋쩍은 표정으로 말했습니다.

밍모는 거대해진 피니의 모습에 약간 부러운 듯 감탄했어요.

우아, 멋져~! 나도 한 번쯤 거인이 돼 보는 게 꿈이었는데….

그렇게 좋은 것만은 아냐. 갑자기 몸이 커다래지니까 높은 곳에 올라온 것처럼 어지럽거든.

순간 밍모는 뭔가 생각난 듯 주변을 두리번거렸습니다.

 아, 그런데 저승사자는…?

 저기 있다!

지금이야, 거인 피니! 저승사자를 쫓아버려!
밍모가 외치자 거인 피니는 알았다는 듯 한쪽 발을 치켜들었습니다.

저승사자의 머리 위로 거인 피니의 거대한 발이 천천히 누르듯 내려왔습니다.

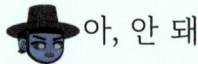아, 안 돼!

결국 겁에 질린 저승사자는 '펑―' 하고 도망치듯 어디론가 사라져 버렸습니다.

🧢 야호! 저승사자가 도망쳤다!

됐어, 성공이야!

두 번째 작전도 실패한 조커는 분노로 온몸이 부들부들 떨렸어요.

저승사자가 사라지자 피니는 '팟—' 하고 원래 모습으로 돌아왔습니다.

다행이다. 원래 크기로 돌아왔어. 계속 거인 상태면 어쩌나 걱정했거든.

하지만 밍모는 살짝 아쉬운 듯 입맛을 쩝 다시며 말했어요.

난 거인 피니도 괜찮았는데….

그 말에 피니가 발끈했습니다.

남의 일이라고 함부로 말하지 마! 그 상태면 밥도 엄청나게 많이 먹어야 하고, 잠자리도 마땅치 않고, 불편한 게 한두 가지가 아니란 말이야!

하지만 거인 상태면 무한의 계단도 한 걸음에 오를 수 있으니까 좋지 않을까?

그러자 이번엔 인형소녀가 끼어들었습니다.

아마 그건 규칙 위반일 걸?

아, 그렇구나!

그런데 지난번엔 분신, 이번엔 거대화…. 도대체 나에게 몇 가지 기능이 있는 걸까?

피니가 자신의 이마를 톡톡 치며 말하자, 밍모가 다가와 손가락으로 문양을 꾸욱 눌러 보았습니다.

하지만 이번엔 아무런 변화도 일어나지 않았어요.

어? 그새 고장이 났나?

내 생각엔 뭔가 위급한 상황이 벌어졌을 때만 특수 기능을 쓸 수 있는 것 같아.

음, 그럴 수 있겠다.

인형소녀의 말이 일리가 있다는 듯 밍모도 고개를 끄덕였습니다.

근데 있잖아. 저승사자가 이상한 말을 했어.

무슨 말?

모든 살아 있는 생명체의 이름이 담긴 두루마리에 내 이름이 없다고….

피니의 얼굴이 어둡게 변했지만, 밍모는 별거 아니란 듯 어깨를 으쓱했습니다.

신경 쓸 거 없어. 저승사자도 나처럼 덤벙대는 성격이라 이름을 빠뜨린 거겠지, 뭐.

그런가?

하지만 피니의 표정은 여전히 뭔가 찜찜한 듯했고, 인형소녀는 그런 피니의 얼굴을 물끄러미 바라봤습니다.

아 참, 저승사자가 무서워서 도망친 줄 알았는데 어떻게 다시 돌아온 거야?

피니가 밍모에게 물었습니다. 그러자 밍모는 잠깐 머뭇거리다가 이렇게 대답했습니다.

으응, 생각해 보니 여기서 도망치면 난 앞으로도 계속해서 과거의 기억에서 벗어나지 못할 것 같더라고. 그래서 이번에는 내 머릿속의 공포에 맞서야겠다고 결심했지.

제법인데?

사실 밍모는 '피니, 네가 걱정돼서 용기를 냈어'라고 말하고 싶었어요. 하지만 왠지 쑥스러워서 그 말은 하지 못했지요.

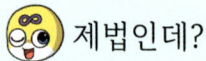 아! 그리고 보니 피니 덕분에 이번엔 카드를 사용하지 않고 방해꾼을 물리쳤네?

정말 그렇구나!

피니도 밍모의 말에 신나서 맞장구를 쳤습니다.

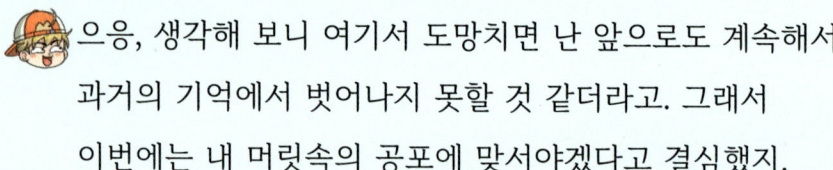

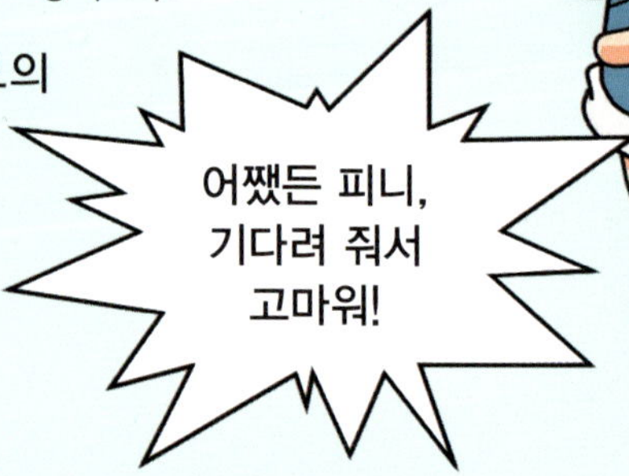

어쨌든 피니, 기다려 줘서 고마워!

아, 참! 시간이 얼마 남지 않았을 거야!

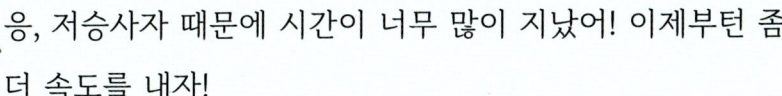응, 저승사자 때문에 시간이 너무 많이 지났어! 이제부턴 좀 더 속도를 내자!

다시 힘을 낸 밍모와 피니는 모래로 된 무한의 계단을 빠른 속도로 뛰어올랐습니다.

밍모 일행이 저승사자까지 물리치고 다시 계단을 오르기 시작하자 조커의 눈빛에 조금씩 여유가 사라지기 시작했습니다.

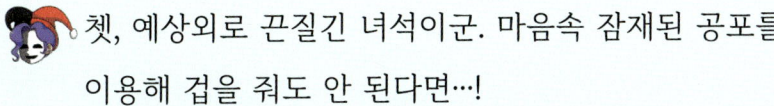쳇, 예상외로 끈질긴 녀석이군. 마음속 잠재된 공포를 이용해 겁을 줘도 안 된다면…!

이어서 남은 두 장의 카드 중에서 빨간색의 하트 에이스 카드를 뽑아 들며 소리쳤습니다.

마법의 연필로 만들어 낸 날개 달린 신발을 신고 밍모와 피니는 계속해서 모래 계단을 사뿐사뿐 뛰어 올랐습니다.

얼마 남지 않은 모래시계의 모래가 다 떨어지기 전까지 계단 끝 정상에 오르기 위해선 속도를 내야만 했어요.

딸랑~ 딸랑~

그때 어디선가 방울 소리가 들렸습니다.

 응? 이 소리는…?

 저쪽이다!

방울 소리가 나는 곳을 돌아보니 계단 위쪽에 초롱초롱한 눈망울의 아기가 딸랑이를 흔들고 있는 게 보였습니다.

아기를 바라보는 밍모의 눈이 하트로 변했습니다.

전부터 이런 동생이 있으면 좋겠다고 생각했는데….

그러나 피니의 생각은 달랐습니다.

그렇게 쉽게 말할 일이 아니야. 잘 생각해 봐. 시험 전날 아기가 계속 울어서 공부에 방해가 되면 어쩔 거야?

훗, 괜찮아. 어차피 난 별로 열심히 공부하는 학생은 아니라서…. 오히려 아기 때문에 시험 점수가 낮은 거라고 엄마에게 핑계를 댈 수 있지.

좋아, 그럼 이건 어때? 아기가 네 방에 들어와서 귀중한 피규어를 망가뜨리면…?

하지만 다시 봐도 아기는 정말 예쁜 걸~.

다시 밍모가 따뜻한 눈빛으로 아기를 바라보는 순간 피니의 머릿속에 퍼뜩 스치는 생각이 있었습니다.

이제 알겠다! 이 아기는 조커가 보낸 세 번째 방해꾼이야!

뭐? 이렇게 귀여운 아기가…?

생각해 봐, 이런 곳에 아기가 있을 리가 없잖아!

드, 듣고 보니….

틀림없어. 아기의 귀여움에 빠뜨려 시간을 끌려는 작전이야.

피니가 단호하게 말하자 밍모도 그제야 고개를 끄덕였습니다.

음, 확실히 일리가 있군. 이제 이해가 가.

피니는 밍모의 옷깃을 잡아끌었습니다.

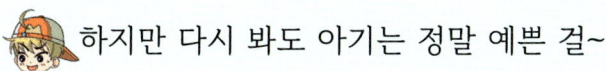

밍모는 피니에게 이끌려 계단에 발을 디뎠지만 도저히 귀여운 아기에게서 눈을 뗄 수가 없었습니다.

잠시 후 밍모가 애써 아기를 외면하고 계단을 오르려는 순간, 갑자기 아기가 울먹하더니 '으아앙~' 하며 울음을 터뜨렸습니다.

앗! 아기가 울잖아!

아기의 울음소리에 밍모는 다시 걸음을 멈췄습니다.

글쎄, 이게 다 조커의 작전이라니까! 넘어가면 안 돼!

하지만 우는 아기를 모른 척할 순 없잖아.

밍모는 다시 아기에게 다가가 달래려 했어요.

밍모가 어쩔 줄 모르고 허둥대자 배낭에 있던 인형소녀가 쏙 튀어나왔습니다.

 내가 해 볼게.

 그래, 아기는 인형을 좋아하니까…!

 까꿍! 아가야, 안녕?

인형소녀가 다가가 말을 건네자 아기는 '으아앙—' 하고 오히려 더 큰 소리로 울기 시작했어요.

 앗! 인형도 통하지 않잖아?

 인형이 살아서 움직이니까 무서운 거야!

 흐잉, 내가 그렇게 무서운가?

인형소녀는 풀이 죽어 다시 배낭 속으로 쏙 들어가 버렸습니다.

멀리서 지켜보던 조커는 아기 앞에 쩔쩔매는 밍모의 모습을 보며 교활한 미소를 지었습니다.

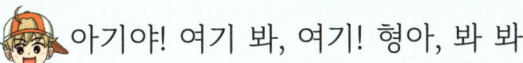 작전 성공이군. 누구든 아기 앞에서는 경계심이 풀릴 수밖에 없지. 자, 하지만 이게 끝이 아니다!

아기야! 여기 봐, 여기! 형아, 봐 봐!

밍모는 온갖 우스운 표정을 지으며 우는 아기를 달래 보려고 했습니다.

하지만 안타깝게도 아기의 울음소리가 점점 커졌어요. 그리고 울음소리 때문에 밍모와 피니의 머리는 깨질 듯하고, 귀청도 떨어질 것 같았어요. 양손으로 귀를 막았지만, 아기의 울음소리에서 나오는 진동은 점점 강력해져 둘은 정신을 차릴 수가 없었지요.

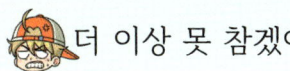더 이상 못 참겠어.
정신 차려, 밍모! 소환 카드를 써야 해!

아, 알았어! 우는 아기를 달래려면 '곰 인형'이나 '장난감 소년'이 나오면 좋을 텐데….

'베이비시터'가 나오면 진짜 딱일 거고!

엉뚱하게 '마녀'나 '유령' 같은 무서운 캐릭터가 나오면 어떡하지?

그땐 정말 큰일이잖아!

피니의 애원에 밍모는 비장한 표정으로 검은색 소환 카드를 선택했습니다. 밍모는 남은 힘을 그러모아 외쳤어요.

검은색 소환 카드로 결정했어! 도와줘!

그러자 '펑—' 하고 누군가가 나타났습니다. 밍모는 긴장감에 숨도 멎은 채 바라보았어요. 그 앞에 나타난 건 폴터가이스트였습니다.

멀리서 이 상황을 지켜보던 조커는 웃음을 터뜨렸습니다.

킥킥, 괜히 카드 한 장을 버렸군 그래.

이젠 어쩌지? 남은 카드는 변신 카드 한 장뿐인데….

그 사이 장난꾸러기 유령 폴터가이스트는 우는 아기에게 다가가더니 들고 있던 딸랑이를 빼앗았습니다.

아, 안 돼! 그럼 아기가 더 크게 울잖아!

그때, 밍모의 머릿속에 떠오른 생각이 있었어요.

맞아, 폴터가이스트는 물건을 둥둥 뜨게 할 수 있잖아. 폴터가이스트, 네가 제일 잘하는 걸 해 봐!

폴터가이스트는 딸랑이를 공중으로 둥실 띄웠습니다. 그러자 이상한 일이 벌어졌습니다. 그 광경을 보고 있던 아기가 울음을 멈추고 자지러지듯이 웃기 시작한 거예요.

😀 까르르르-.

🧢 다행이야. 아기한테 통했어.

👶 어떻게 한 거야?

🧢 폴터가이스트의 물건 움직이는 능력을 아기가 재미있어할 것 같았어.

폴터가이스트는 계속해서 이것저것 아기의 물건을 공중에 띄웠습니다.

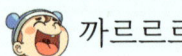

물건들이 공중에서 둥실둥실 날아다니자 아기는 더욱 즐거워했어요.
지켜보던 조커는 예상과 다른 상황에 당황할 수밖에 없었어요.

🤡 아니, 이게 어떻게 된 일이지? 이 상황에 아기가 왜 웃는 거야?

한동안 폴터가이스트의 물건 띄우기 쇼는 계속되었고, 아기의 즐거운 웃음소리도 계속 울려퍼졌습니다.

😀 후유, 이제야 살 것 같아. 아기의 웃음소리를 들으니, 내 마음도 평온해지네.

이윽고 웃음소리가 잦아들자 폴터가이스트는 다정히 속삭였어요.

👻 자, 재밌게 놀았지? 이제 잘 시간이야. 오늘은 이 정도로 끝—!

폴터가이스트의 장난이 끝나자 아기는 피곤한 듯 바로 잠에 빠지고 말았어요.

👻 그럼 난 또 다른 곳으로 가 봐야겠군. 그럼 이만~!

🧢 고마워, 폴터가이스트!

'펑—' 하고 폴터가이스트가 사라지자, 밍모와 피니는 먹먹한 귀를 매만지며 주위를 둘러보았어요.

😀 폴터가이스트는 생각만큼 그렇게 위험한 유령은 아니었네.
🧢 의외로 아기에게 인기가 많기도 하고.
😀 이제 계단의 끝이 얼마 남지 않았어! 조금만 속도를 내면 시간 안에 꼭대기에 오를 수 있겠어!

밍모와 피니는 다시 마음을 가다듬고 무한의 계단을 올랐습니다.

이 모습을 지켜본 조커는 머리끝까지 화가 났어요.

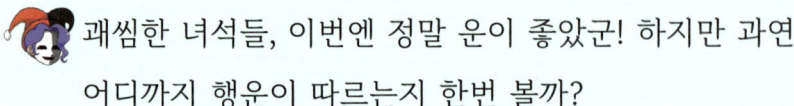 괘씸한 녀석들, 이번엔 정말 운이 좋았군! 하지만 과연 어디까지 행운이 따르는지 한번 볼까?

그리고는 마지막 남아 있던 검은색 클로버 에이스 카드를 꺼냈습니다.

헉헉—

더 이상 숨을 쉬기가 힘들 정도로 쉬지 않고 전속력으로 올라온 밍모의 눈앞에 모래 계단의 끝이 보이기 시작했습니다.

밍모는 걸음을 멈추고 가쁜 숨을 몰아쉬며 말했습니다.

 됐어, 거의 다 왔어!

 그래, 시간 안에 도착할 수 있겠어!

 번개소녀, 저승사자, 그리고 아기까지 방해꾼이 세 번 나타났으니까 이제 더 이상 우리 앞을 가로막을 녀석도 없는 거지?

 정말 그러네.

본인이 직접 방해를 할 셈인가?

그러자 한 손에 모래시계, 그리고 또 다른 한 손에는 클로버 에이스 카드를 들고 있는 조커가 이렇게 말했습니다.

카드 게임에는 다이아몬드, 스페이드, 하트, 클로버 이렇게 네 종류의 카드가 있지요. 그래서 제가 쓸 수 있는 카드와 기회도 네 번이라는 사실!

그럼 한 번 더 남았다는 거야?

밍모의 당황한 얼굴을 보며 조커는 재미있다는 듯 히죽 웃으며 말했습니다.

 그렇습니다! 그럼 마지막 네 번째 방해꾼을 소개해 드리죠!

조커가 검은색 클로버 에이스 카드를 '휙—' 던지자 갑자기 어디선가 '땡—' 하는 종소리가 들려왔습니다.

이 종소리는 뭐지?

 어디서 들은 적이 있는데…?

이어서 일행의 눈앞에 네모반듯한 경기장이 나타났습니다.

이게 뭐야? 무슨 경기장 같은데….

 이건 복싱 경기장이야!

 복싱?

 이제 알겠군. 좀 전에 종소리는 복싱 시합 때 시작과 끝을 알리는 신호야!

잘 아는군요! 마지막 네 번째 방해꾼은 바로 복서입니다!

그러자 경기장 한쪽 모퉁이에 날카로운 눈빛의 복서가 '슉슉' 소리와 함께 허공에 펀치를 날리며 나타났어요.

 저 녀석을 상대해야 하는 거야?

 어쩌지? 복싱 게임은 해 봤지만 진짜 복싱은 한 번도 해 본 적이 없는데….

밍모는 긴장과 두려움에 입이 바짝 말랐어요.

규칙은 간단합니다! 어떤 스포츠 종목을 선택해도 좋습니다! 복서와 직접 승부를 겨뤄서 승리하면 통과! 패배하면 여기서 끝입니다!

어떤 종목이든? 하지만 복서가 약한 종목이 뭔지 어떻게 알아~?

종목이 문제가 아니라, 상대가 운동선수라는 게 문제야! 더욱이 넌 운동에 약하다며~.

으으….

피니의 말이 옳았어요. 진짜 운동선수를 상대로 밍모가 이긴다는 것은 불가능한 일이었죠.

그렇다면 뭔가 변신을 하는 수밖에….

아, 맞다! 우리에게도 마지막 변신 카드 한 장이 남아 있었지?

시작을 알리는 종소리가 '땡―' 하고 울리자마자 복서가 두 주먹을 앞으로 '쭉쭉―' 뻗으며 밍모에게 달려들었습니다.

어어, 난 아무 준비도 안 됐는데 시작하는 게 어디 있어?

으아아! 벌써 덤벼들면 어떡해?!

그래도 밍모는 재빨리 몸을 움직여 복서의 첫 번째 공격은 운 좋게 피했습니다.

생각보다 몸놀림은 빠른 녀석이군. 하지만 피하기만 해서는 날 이길 수 없을걸?

밍모가 어쩔 틈도 없이 복서의 공격은 멈추지 않고 계속됐어요.

슉— 슉—

복서의 주먹은 빠르고 거칠었습니다.

주먹을 한번 휘두를 때마다 '휘익—' 하고 바람을 가르는 소리가 날 정도였어요.

밍모, 감탄하고 있을 때가 아냐! 어서 변신 카드를 써!

후후, 역시 일대일 대결로는 무리겠군요. 싱거운 승부가 되겠어요.

파파팟—

복서는 빠르게 스텝을 밟으며 본격적으로 공격을 하기 시작했습니다. 여전히 밍모는 이리저리 복서의 주먹을 피하느라 정신이 없었어요. 하지만 사각의 링은 너무 좁아서 더 이상 피할 곳이 없었죠.

결국 링의 모퉁이로 몰리는 순간, 그 틈을 놓치지 않고 복서의 주먹이 밍모의 얼굴을 향했습니다.

곤경에 처한 밍모를 차마 볼 수 없었던 피니는 눈을 질끈 감고 말았어요. 하지만 밍모의 신음소리도, 승리를 알리는 신호도 울리지 않았지요. 주위가 고요하자 피니는 살며시 손가락 틈으로 눈을 떴어요. 앞에는 놀라운 광경이 펼쳐져 있었죠. 마치 시간이 멈춘 듯 밍모와 복서의 동작이 멈춰 있는 거예요.

이 상황을 파악하느라 머리를 굴리던 피니에게 밍모의 목소리가 희미하게 들렸어요.

피니…, 허리에 쥐가 났나 봐. 움직일 수가 없어….

정신이 번쩍 난 피니는 쏜살같이 밍모에게 달려갔어요. 그리고는 밍모를 일으켜 세웠죠. 그 사이 정신을 차린 듯 눈을 깜박인 복서는 주위를 환기시키듯 헛기침을 하며 말했어요.

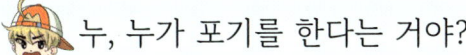한 방에 보낼 수도 있었어. 하지만 네 녀석을 생각해서 봐준 거야. 내가 맘먹고 공격하면 어떻게 될지 상상도 못할 거다. 그러니 포기하는 게 좋을 거야.

복서의 말에 밍모는 가슴 속 깊은 곳에서 뜨거운 승부욕이 샘솟았습니다.

누, 누가 포기를 한다는 거야?

피니의 도움으로 가까스로 몸을 세운 밍모는 허리 통증으로 다리까지 부들부들 떨렸지만 숨을 고르며 자세를 바로 잡으려 애썼어요.

제법 근성이 있는 녀석이군. 하지만 정신력만으로는 이길 수 없다.

내 진짜 실력을 보게 될 거다!

복서는 밍모의 기를 죽이려는 듯 강력한 파워와 날렵한 동작을 뽐냈어요. 한참 동안 쉐도우 복싱을 하던 복서가 숨을 몰아쉰 뒤 밍모에게 선전포고를 남겼습니다.

이번에야말로 한 방에 끝내 주마!

복서는 밍모를 향해 달려들었습니다. 밍모도 남은 힘을 짜내 이리저리 피했지만 이대로는 얼마 버티지 못할 것이 확실했어요.

밍모의 모습을 안절부절하며 안타깝게 지켜보던 피니가 다급하게 외쳤어요.

> 밍모, 이러다간 다음 기회가 없겠어!

어서 '종합격투기 선수'나 '프로레슬러'로 변신해! 아니면 '우슈선수'나 '공수도선수'는 어때?

그런데 그 순간 밍모는 뭔가 좋은 생각이 떠오른 듯 눈빛이 번쩍했습니다.

 아니, 복싱에는 복싱으로 상대하겠어!

뭐?

후후, 미안하지만 똑같은 선수를 소환할 수는 없습니다. 그건 이곳 게임 세계의 기본 규칙이죠.

복싱으로 상대한다고 했지, 복서를 소환한다곤 안 했어요!

뭐라고요?

그리고 하나 더! 몸으로 부딪치는 스포츠라고 했지, 상대가 반드시 사람이라는 규칙은 없죠?

엥?

무, 무슨 소리를…?

밍모의 말에 피니와 조커 모두 어리둥절했어요.

사람이 아니면 뭘 소환하려고? 안타깝게도 위기에 몰리니, 머리가 혼란스러운가 보군.

휘익—

복서가 온 힘을 다해 주먹을 휘두르는 순간. 밍모는 흰색 변신 카드를 뽑아 들고 이렇게 외쳤습니다.

캥거루로 변신!

펑!

캥거루로 변한 밍모는 갑자기 힘이 솟구치는 듯 폴짝폴짝 점프를 하며 소리쳤습니다.

하핫! 캥거루를 상대로 시합은 처음이라 당황하셨나요? 그럼 이제부터 캥거루와 시합을 시작해 볼까요? 캥거루의 도발에 화가 난 복서는 숨을 씩씩 몰아쉬며 달려들었습니다.

에잇! 캥거루 따위로 날 이기려고?

하지만 캥거루 밍모는 가볍게 점프해서 복서의 머리 위를 훌쩍 뛰어넘어 버렸습니다.

 헤헷, 너무 느리네요. 뒤에요, 뒤!

 이잇!

복서가 뒤로 돌아서는 순간.

 캥거루 원투 펀치!

퍼퍽—!

캥거루 밍모에게 연달아 몸통과 얼굴을 얻어맞은 복서는 정신을 차리지 못하고 비틀거렸습니다.

주먹 말고 발차기도 있습니다! 캥거루 앞발 차기! 캥거루 뒷발차기!

캥거루 밍모의 연속 발차기 공격에 복서는 완전히 쓰러지기 직전이었어요.

 잘한다, 밍모!

 으으으….

 조금 더 놀아 보고 싶지만 시간이 별로 없어서 여기서 끝내도록 하겠습니다! 받아라…!

> 마지막 결정타!!

> 퍼억!

> 으아악!!

　캥거루 밍모의 결정타를 얻어맞은 복서는 더 이상 버티지 못하고 그 자리에 쓰러지고 말았어요.
　어디선가 캥거루 밍모의 승리를 알리는 신호음이 들리고, 동시에 시합을 끝내는 종소리가 '땡땡땡—' 하며 울려 퍼졌습니다.

승부가 결정 나자 네모난 사각의 링도, 쓰러진 복서도 어딘가로 사라졌습니다. 캥거루로 변했던 밍모도 원래 모습으로 돌아왔지요.

> 와아, 이겼다!
> 밍모가 이겼어!!

휘이이—

바람 소리와 함께 모래로 된 무한의 계단이 다시 나타났습니다.

 잘했어, 밍모!

피니가 달려와 밍모의 승리를 축하하며 얼싸안았습니다.

사실 캥거루를 소환했을 때만 해도 밍모가 무슨 생각을 하는지 전혀 눈치채지 못했어. 정말 대단해, 밍모!

인형소녀도 배낭에서 고개를 쏙 내밀고 축하했습니다.

고마워. 그런데 조커는…?

그러고 보니 시합이 끝나자마자 조커의 모습이 보이지 않았습니다.

도망간 거 아냐? 모든 카드를 다 썼으니, 더 이상 어떻게 해볼 수가 없는 거겠지.

그렇게 잘난 체하더니, 꽁지 빠지게 도망갔나 보네. 그 모습을 봤어야 했는데 아쉬워.

설마 다시 나타나는 건 아니겠지?

이제 다 끝난 것 같으니 남은 계단을 올라가자. 시간 안에 도착했으니 우리가 이긴 거야.

밍모와 피니는 얼마 남지 않은 계단을 마저 올랐습니다.

그리고 드디어 마지막 계단에 오르는 순간 지금까지 올라왔던 모래 계단이 '푸스스—' 하며 사라졌어요.

밍모와 피니가 마지막 계단을 딛고 오른 '의지의 성' 꼭대기에는 아무것도 없었어요. 메마르고 황폐한 사막이 끝없이 펼쳐져 있을 뿐이었습니다.

그때 뭔가를 발견한 피니가 손가락으로 어딘가를 가리켰어요.

 어? 저기…!

미션 4 밍모의 직업 소환 II

❶ 보육교사

어떤 일을 하나요?
어린이집, 놀이방 등의 복지 시설에서 유아를 교육하고 보호하며, 올바른 사고방식을 갖고 건강하게 자랄 수 있도록 성장과 발달에 필요한 지도를 해요.

어울리는 직업

유치원교사 초등학교 입학 전의 어린이들을 교육하고 보살피며, 학교에 들어가기 전에 필요한 학습 및 단체 생활 규칙 등을 가르쳐요.

영양사 단체 시설의 급식을 통해 사람들이 건강하게 영양을 섭취할 수 있도록 해요. 이에 필요한 작업, 위생, 시설 전반을 관리하지요.

직업 성격 유형 사회형(S)

다른 사람을 가르치거나 돌보거나 치유하고 돕는 일을 좋아하는 유형

- 공감력
- 책임감
- 협조성
- 인내력
- 지도력
- 해결력
- 사교성
- 헌신적

나에게 맞는 직업일까? ✅ 나와 가까운 항목을 체크해 보아요.

- ☐ 다른 사람의 이야기를 잘 들어 줘요.
- ☐ 어려움에 처한 사람을 잘 도와요.
- ☐ 새로운 사람들과 잘 친해져요.
- ☐ 가르치거나 설명하는 것을 좋아해요.
- ☐ 사회, 문화 등 다양한 분야에 관심이 많아요.
- ☐ 말하기와 글쓰기를 좋아해요.

4개 이상이면 **사회형 직업**과 가까워져요.

❷ 제품 디자이너

어떤 일을 하나요?

일상생활에 필요한 각종 물건들을 편리하고 사용에 문제없도록 디자인, 설계해요. 이를 통해 상품들이 만들어질 수 있도록 하지요.

어울리는 직업

캐릭터디자이너 캐릭터, 애니메이션, 게임, 연예인 관련 캐릭터를 만들어서 장난감이나 문구 등의 상품에 활용할 수 있게 해요.

패션디자이너 유행과 필요, 대상에 맞춰 옷을 디자인하고, 견본을 만들어 편안하게 입을 수 있는지 확인하여 판매 가능한 옷을 만들어요.

직업 성격 유형 예술형(A)

다양한 자원을 이용하여 새로운 것을 창작하는 활동을 하고 싶어 하는 유형

- 상상력
- 독창적
- 개방적
- 창조적
- 미적 감각
- 손재주
- 집중력
- 뚜렷한 개성

나에게 맞는 직업일까?

☑ 나와 가까운 항목을 체크해 보아요.

- ☐ 미술 수업을 좋아해요.
- ☐ 남들과는 다른 표현력과 아이디어가 있어요.
- ☐ 최신 트렌드에 관심이 많아요.
- ☐ 창의적으로 무언가 만드는 것을 좋아해요.
- ☐ 손으로 정교한 작업을 할 수 있어요.
- ☐ 자유롭게 내 생각을 표현하려고 해요.

4개 이상이면 **예술형 직업**과 가까워져요.

미션 4 · 밍모의 직업 소환 II

③ 복싱선수

어떤 일을 하나요?

복싱은 두 선수가 글러브를 끼고 주먹으로만 공격, 방어하며 대결하는 스포츠예요. 국내 및 세계 대회에서 유명해지면 특별 경기를 통해 많은 상금을 받기도 해요.

어울리는 직업

종합격투기선수 두 선수가 태권도, 주짓수, 복싱 등 다양한 종목의 기술을 사용하여 대결하는 스포츠로 세계적으로 인기가 높아요.

프로레슬러 레슬러들이 가상의 격투를 벌이는 일종의 공연 예술로, 기술을 선보이기 위해 뛰어난 운동 신경과 많은 연습이 필요해요.

직업 성격 유형 현실형(R)

구체적이고 체계적이며 몸으로 부딪혀 문제를 해결하는 유형

- 성실함
- 체력
- 질서정연
- 원칙주의
- 성취감
- 끈기
- 손재능
- 신중함

나에게 맞는 직업일까? ✔ 나와 가까운 항목을 체크해 보아요.

- ☐ 몸을 쓰고 움직이는 걸 좋아해요.
- ☐ 체육 과목을 좋아해요.
- ☐ 목표를 위해 노력하는 편이에요.
- ☐ 규칙을 잘 지키는 편이에요.
- ☐ 활동적인 놀이를 좋아해요.
- ☐ 신체 균형 감각이 좋은 편이에요.

4개 이상이면 **현실형 직업**과 가까워져요.

❹ 우슈선수

어떤 일을 하나요?
중국의 전통 무술인 우슈는 동작과 기술을 선보이는 투로, 격투기인 산타 두 종목이 있으며 국가대표가 되면 아시안 게임에 출전할 수 있어요.

어울리는 직업

공수도선수 공수도는 맨손과 발을 사용하는 무술이에요. 아시안 게임과 올림픽 종목으로 채택되어 있어 국가대표로 출전할 수 있지요.

태권도선수 우리나라를 대표하는 스포츠인 태권도는 대회에 입상하여 국가대표와 같은 전문 선수가 되거나 교육자로 활동할 수 있어요.

직업 성격 유형 — 현실형(R)
구체적이고 체계적이며 몸으로 부딪혀 문제를 해결하는 유형

- 성실함
- 체력
- 질서정연
- 원칙주의
- 성취감
- 끈기
- 손재능
- 신중함

나에게 맞는 직업일까?
☑ 나와 가까운 항목을 체크해 보아요.

- ☐ 운동을 좋아하는 편이에요.
- ☐ 한번 시작한 일은 끈기 있게 해내요.
- ☐ 정해진 규칙을 잘 지켜요.
- ☐ 행동이나 몸놀림이 재빠른 편이에요.
- ☐ 남들과 경쟁하는 것을 즐겨요.
- ☐ 무언가를 할 때 행동이 앞서는 편이에요.

4개 이상이면 **현실형 직업**과 가까워져요.

직업 소환 미션 성공! 다음 미션으로 고고!

피니가 손가락으로 가리킨 곳엔 조커가 지니고 있던 모래시계가 덩그러니 놓여 있었습니다.

스르륵—

모래시계 안에 남아 있던 마지막 모래 한 알이 바닥에 떨어지는 순간, 어디선가 조커의 목소리가 울려 퍼졌습니다.

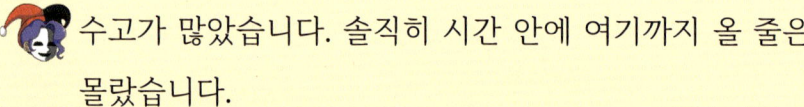 수고가 많았습니다. 솔직히 시간 안에 여기까지 올 줄은 몰랐습니다.

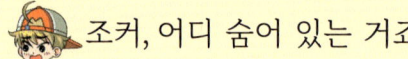 조커, 어디 숨어 있는 거죠?

스스스—

그때 모래바람이 일어나며 그 속에서 조커의 모습이 나타났습니다.

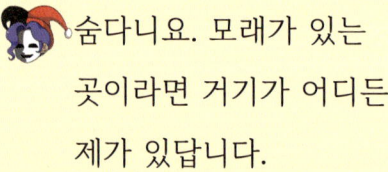 숨다니요. 모래가 있는 곳이라면 거기가 어디든 제가 있답니다.

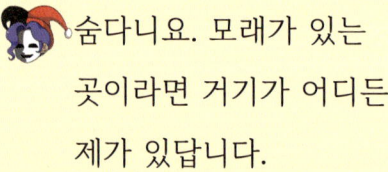 시간 안에 도착했으니 우리가 게임에서 이긴 거죠? 그럼 어서 성을 원래 모습대로 돌려놔요!

밍모의 말에 조커는 피식 코웃음을 치며 대꾸했습니다.

대결에서 이긴 건 맞습니다. 하지만 제가 언제 성을 돌려드린다고 약속했지요?

분명 난 '의지의 성'을 원래 모습대로 되돌리고 의지를 상징하는 아이템을 되찾기 위해 온 거라고 얘기….

제가 그 말에 대답을 했나요?

그, 그건….

으으, 우리가 속은 거야.

계속해서 조커는 비웃는 표정으로 말했습니다.

화가 난 밍모가 소리쳤지만 조커는 싹 무시하고 자신의 말을 이어갔습니다.

그리고 조커 카드는 쓰기에 따라서 가장 강력한 카드가 될 수도 있답니다.

무슨 뜻이죠?

밍모가 고개를 갸웃하자 조커의 눈빛이 전과 다르게 번뜩였습니다.

그럼 이쯤에서 진짜 모습을 보여드릴 때가 된 것 같군요.

진짜 정체?

이어서 조커가 쓰고 있던 가면을 벗어 던졌습니다.

그러자 '휘리릭—' 모습이 바뀌며 검은 망토에 커다란 낫을 든 사신으로 변했어요.

진짜는 지금부터입니다!

사신은 말이 끝나자마자 들고 있던 커다란 낫을 모래시계를 향해 힘껏 휘둘렀어요.

쨍강—

모래시계가 깨지고 그 안에 있던 모래가 쏟아져 나왔습니다.

 저 작은 데서 이렇게 많은 모래가…!

 이러다 우리 모두 모래에 휩쓸려 버리겠어!

그게 전부가 아니었어요. 쏟아진 모래 속에서는 사람의 형상을 한 모래 덩어리가 몸을 일으켰습니다.

 모, 모래인간?

우우우우—

하나둘 생겨나는 모래인간이 밍모와 피니를 향해 다가왔어요.

피니는 겁을 먹고 뒷걸음을 쳤지만 밍모는 모래인간의 움직임을 지켜보며 주먹을 힘껏 움켜쥐었습니다.

 온몸이 모래로 되어 있어서 그다지 강해 보이지는 않아! 잘하면 주먹으로 부술 수 있겠어!

밍모의 말을 듣고 있던 사신이 재미있다는 듯 웃었어요.

 하하하! 물론 모래로 되어 있으니 손이나 발로 쉽게 부숴 버릴 수 있습니다. 그런데 여러분이 미처 모르는 사실을 하나 얘기할까요? 지금 그 모래인간들은 이 성을 지키던 사람들과 저에게 도전을 했던 자들이죠. 그러니까 저들을 공격하면 어떻게 될지 그 다음은 말하지 않아도 알겠죠?

사신의 말에 밍모와 피니는 화가 머리끝까지 치밀어 사신을 노려보았어요.

밍모, 방금 저 얘기 들었지?
응, 정말 고약한 악당이야!

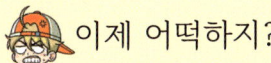

밍모와 피니를 둥그렇게 둘러싼 모래인간들이 사방에서 한 발짝씩 거리를 좁혀 오기 시작했습니다.

이제 어떡하지?

주위를 두리번거리던 피니도 절망적인 목소리로 한숨을 내쉬었어요.

 우리가 빠져나갈 곳은 없어….

아 참, 중요한 게 하나 더 있군요. 모래바람 속에서 버티는 시간이 늘어날수록 여러분도 저들과 똑같은 모래인간으로 변하게 될 겁니다.

 뭐?

 헉!

계속해서 사신은 거대한 낫을 들어 크게 소리쳤습니다.

 더 강하게 불어라! 땅끝에서 불어오는 지옥의 모래바람이여!

모래바람이 점점 거세질수록 밍모와 피니 또한 발끝부터 모래로 변해가기 시작했습니다.

밍모, 이대로 있으면 우리도 곧 모래인간이 돼 버리겠어.

으으, 뭔가 방법이 없을까…?

머리를 굴려봐야 별수 없습니다! 죽음의 사막에서는 그 누구도 빠져나갈 수 없으니까요!

어느새 밍모와 피니의 몸은 무릎까지 모래로 변해 있었습니다.

흑, 이젠 다 틀렸어.

크으, 게임 세계를 구하지도 못하고 의지의 성에서 모래인간이 될 줄이야….

모래인간 되기 싫어…!

끼이익—

그때 어디선가 요란하게 자동차가 멈추는 소리가 들려왔습니다.

응?

이 소리는…?

밍모와 피니가 깜짝 놀란 얼굴로 뒤를 돌아보자 거기엔 경주용 자동차를 몰고 나타난 카레이서가 보였습니다.

여기까지 태워 준 카레이서 아저씨?

여긴 어떻게…?

놀란 건 밍모와 피니뿐만이 아니었어요.

낫을 휘둘러 모래바람을 일으키던 사신도 갑작스런 카레이서의 등장에 흠칫 놀라 굳어진 모습이었습니다.

!

카레이서는 자동차 시동을 걸며 큰 소리로 말했습니다.

 자세한 건 나중에 얘기해 줄 테니 일단 여기를 빠져나가자!

부르릉—

자동차가 요란한 모터 소리를 내며 빠른 속도로 달려들자 모래인간들도 겁을 먹은 듯 주춤주춤 뒤로 물러났습니다.

카레이서가 자동차를 잠깐 멈추고 차 문을 여는 순간, 밍모와 피니는 재빠르게 차에 올라탔습니다.

 여긴 어떻게 오신 거예요?

 정말 기가 막힌 등장이었어요!

 속도를 높일 테니 꽉 잡아라!

동시에 자동차는 '부아앙—' 소리를 내며 사막을 질주했습니다.

🧟 흥, 여기는 내가 지배하는 공간이다! 쉽게 벗어날 순 없어!

사신이 커다란 낫을 빙글빙글 돌리자 거대한 회오리바람이 생겨나 주변의 모든 것을 집어삼키기 시작했습니다.

 으아아아! 날아갈 것 같아!

 살려줘~!

부앙— 부앙—

앞을 가로막는 강력한 회오리바람 때문에 자동차도 더 이상 앞으로 나갈 수가 없었어요. 밍모 일행의 당황한 모습에 사신은 더욱더 신이 나서 소리쳤습니다.

🗣️ 핫핫핫! 이 공간에서는 어느 누구도 나를 이길 수 없다…!

그때 밍모의 머릿속에 한 가지 생각이 스쳤어요.

🗣️ 잠깐! 우주의 모든 공간을 지배하는 강력한 존재가 있어!

🗣️ 아, 블랙홀!

밍모는 주머니에 들어있던 진동벨 하나를 꺼냈습니다.
그건 바로 블랙홀이 준 소환용 진동벨이었죠.

🗣️ 필요하면 언제든 나타나서 도와준다고 했지?

🗣️ 맞아, 블랙홀이라면
　　가능할 거야!

밍모는 손가락으로 진동벨을 힘껏 누르며 큰 소리로 외쳤습니다.

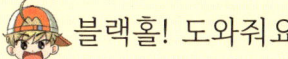 블랙홀! 도와줘요!

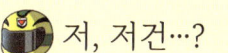 으응? 저 녀석, 뭐라는 거야?

그러자 '휘이잉—' 소리를 내며 사막 위 하늘에 거대한 검은 구멍이 생겨났습니다.

저, 저건…?

거대한 검은 구멍…!

블랙홀이야!

그제야 사신도 깜짝 놀라 소리쳤습니다.

브, 블랙홀? 블랙홀이 왜 여기에…?

휘리릭—

밍모 일행에게 다가오던 회오리바람은 순식간에 하늘의 검은 구멍에 빨려 들어가 사라져 버렸습니다.

그리고 이내 검은 구멍에서 블랙홀이 모습을 드러냈어요.

블랙홀, 정말 와 주셨군요!

밍모가 반가워서 소리치자 블랙홀은 시큰둥한 표정으로 말했습니다.

🌑 난 약속은 반드시 지키지.

🧢 이제 사신이 만들어 낸 죽음의 공간을 없애 주세요!

밍모가 소원을 말하자 블랙홀은 별거 아니라는 듯 콧방귀를 뀌었어요.

🌑 뭐야? 고작 그런 부탁이나 하려고 불러 낸 거야? 시시하군, 무슨 재미있는 일이라도 있나 잔뜩 기대했는데.

쿠쿠쿠쿠—

블랙홀이 손을 뻗자 밍모 일행을 제외한 주변 공간 전체가 얇은 종잇장처럼 뒤틀리며 검은 구멍 안으로 빨려 들어가기 시작했습니다.

😱 이, 이건 말도 안 돼!

사신은 분노와 공포가 뒤섞인 얼굴로 소리쳤지만 이미 어쩔 수 없었습니다. 사신도 검은 구멍으로 빨려 들어가지 않으려고 안간힘을 써 봤지만 별수 없었죠.

😵 으아아아~!

결국 애처로운 비명과 함께 사신 역시 검은 구멍 속으로 사라지고 말았습니다. 그 모습을 물끄러미 보고 있던 피니가 새삼 블랙홀에 대한 존경의 눈빛을 보냈어요.

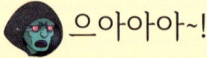 제아무리 사신이라 해도 블랙홀 앞에는 어쩔 수가 없네.

🧢 앗, 저건 안 돼—!

밍모가 뭔가를 보고 깜짝 놀랐습니다. 모래인간들도 검은 구멍 속으로 빨려 들어가고 있었던 거예요.

🧒 블랙홀! 저 사람들은 안 돼요!

🪐 쳇, 요구가 많군.

블랙홀이 귀찮다는 듯 투덜대며 손짓을 하자 검은 구멍에 빨려 들어갈 뻔했던 모래인간들이 다시 쏟아져 나오기 시작했어요.

😌 후유, 다행이다.

마침내 밍모와 피니, 카레이서, 모래인간들만 남기고 사신이 만들어 냈던 죽음의 사막은 온데간데없이 사라져 버렸습니다.

🪐 부탁을 들어줬으니 난 이만 가지.

🧒 고마워요!

밍모가 감사의 표시로 손을 흔들었지만 블랙홀은 뒤도 돌아보지 않고 어딘가로 휭하니 사라졌습니다.

사신이 만들어 냈던 사막, 다시 말해 죽음의 공간이 사라지자 의지의 성이 모습을 드러냈어요. 모래로 변하던 피니와 밍모도 멀쩡해졌지요.

쿠구구구…

피니가 주변을 두리번거리며 말했습니다.

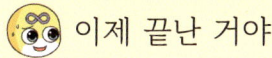 이제 끝난 거야?

그런데 예전과 좀 달라 보여….

밍모의 말대로 모래로 되어 있던 성 전체가 단단한 바위 성으로 바뀌어 있었습니다. 사실 그게 '의지의 성'의 진짜 모습이었죠.

곧이어 모래인간들도 원래 사람의 모습으로 돌아오기 시작했습니다. 기사와 병사들, 그리고 요리사와 정원사, 청소부 등을 비롯해 멀리서 찾아온 모험가와 여행자도 있었어요.

사람들은 처음엔 어리둥절한 표정을 지었지만 이내 상황을 깨닫고 기쁨과 감격의 환호성을 질렀습니다.

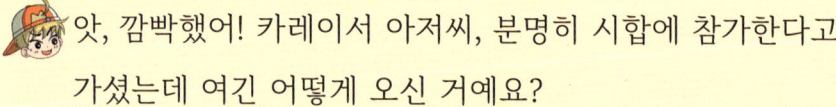

 이제야 '의지의 성'이 제 모습을 찾았군.
카레이서가 뿌듯해 하며 말했습니다.

앗, 깜빡했어! 카레이서 아저씨, 분명히 시합에 참가한다고 가셨는데 여긴 어떻게 오신 거예요?

카레이서 아저씨 아니었음 정말 큰일 날 뻔했어요. 정말 절묘한 순간에 오신 거라니까요! 그런데 시합은 잘 치르셨어요?

밍모와 피니가 동시에 이것저것 캐묻자 카레이서는 고개를 끄덕이며 천천히 이야기를 시작했습니다.

 그래, 나는 너희들과 헤어진 뒤 자동차 경주에 참가했지.

난 관중의 환호를 받으며 누구보다 빠른 속도로 달리고 있었어.

부아앙

그 즉시 여기로 달려온 거야.

 그게 무슨 말이에요?

 게다가 조커가 만들어 낸 결계를 뚫고 들어온 것도 수상해요. 혹시 또 다른 악당이거나 한 건 아니겠죠?

 그러니까 어떻게 왔냐고요?

 그 기억이 뭔데요?

폭풍처럼 쏟아지는 밍모와 피니의 질문을 듣던 카레이서는 담담하게 말을 이어가기 시작했어요.

 난 조커의 마법에 걸려 내 자신이 누군지 기억을 잃었던 거야.

카레이서가 헬멧을 벗자 갑자기 신비한 빛이 뿜어져 나와 카레이서의 온몸을 휘감았어요. 잠시 후 빛이 사라지고 난 자리에는 '장군'이 서 있었습니다.

🧒 자, 장군?

👲 나는 원래 이곳 '의지의 성'을 지키는 수호자였다. 하지만 어느 날 쳐들어 온 조커에게 무릎을 꿇고 말았지. 그리고 마법에 걸려 모습도 기억도 잃었던 거야.

👦 그러니까 자신을 카레이서라고 착각하고 있었던 거네요.

🧑 그런데 어떻게 기억이 되살아난 거죠?

 그때, 밍모의 배낭 속에 있던 인형소녀가 고개를 쏙 내밀었어요.

인형소녀의 말에 피니가 고개를 끄덕였습니다.

'의지의 성'과 수호자는 한몸이나 다름없을 테니까. 조커가 만든 마법의 결계가 조금씩 깨지면서 이 성의 수호자인 '장군'의 기억도 돌아온 거지. 카레이서가 공간을 뚫고 들어올 수 있었던 것도 그 때문일 거고….

그래도 난 이해가 잘 안 되는데….

뭔가 개운하지 않은 표정으로 갸우뚱하던 밍모는 곧 상관없다는 듯 밝은 목소리로 말했습니다.

아무렴 어때! '의지의 성'이 원래 모습으로 돌아왔으니 그걸로 임무 완수!

그럼 이 성에 숨겨진 두 번째 보물을 찾을 차례야!

맞다! '디디'란 녀석을 상대하려면 아이템이 세 개 필요하다고 했지?

밍모와 피니가 '의지의 성'에 숨겨진 보물을 찾으려고 서두르자 듣고 있던 '장군'이 두 눈을 지그시 감으며 말했습니다.

힘들게 찾을 필요 없다. '의지의 성'을 되찾아 줬으니 보답으로 보물을 주지.

와아! 정말요?

잘됐다!

밍모와 피니는 쉽게 보물을 얻게 됐다는 생각에 신나서 소리쳤습니다.

날 따라오너라.

장군은 휙 돌아서 어딘가를 향해 뚜벅뚜벅 걸어갔습니다.

그 뒤를 따라가며 밍모와 피니는 보물에 대한 호기심과 기대에 눈을 반짝였어요.

보물 창고로 안내하시는 건가?

두 번째 보물은 과연 뭘까?

밍모와 피니는 잔뜩 흥분한 상태로 장군의 뒤를 따랐습니다. 앞장서 걷던 장군은 이윽고 돌로 된 계단을 올라갔습니다.

근데 여기는 이 성에서 가장 꼭대기 아니었나?

응, 여기서 또 올라가면 도대체 어디로 가는 거지?

돌계단 끝에 커다란 바위로 된 문이 나타났습니다.

밖으로 나가는 문인가?

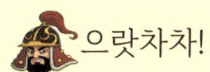 으랏차차!

 장군이 어깨로 힘껏 밀자 '쿠쿠쿠—' 소리를 내며 바위 문이 열렸습니다. 밍모의 예상대로 바위 문 뒤로는 '의지의 성' 꼭대기의 바깥 공간이 나타났습니다.

 휘이이—

 높은 꼭대기라 그런지 바람이 강하게 불어왔지요. 하지만 아무리 주변을 이리저리 둘러봐도 보물이 있을 것 같지는 않았어요.

 그러자 장군이 어딘가를 가리켰어요.

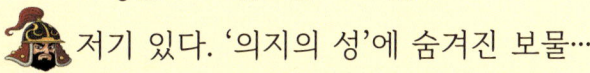 저기 있다. '의지의 성'에 숨겨진 보물….

 네?

장군이 가리킨 곳엔 울퉁불퉁 제각각인 모양의 돌멩이가 차곡차곡 쌓여 만들어진 돌탑이 있었습니다.

돌탑은 밍모의 키보다 조금 작은 정도였어요.

밍모와 피니는 천천히 돌탑에 다가갔습니다.

- 이건 그냥 평범한 돌탑이잖아?
- 혹시 이 돌탑 전체가 보물인가?
- 아니, 탑 안쪽에 보물이 감춰져 있는 거 아냐?

결국 밍모와 피니는 장군에게 되물었습니다.

- 그러니까 이게 '의지의 성'의 보물이란 말이죠?

장군은 고개를 끄덕였습니다.

- 틀림없다.
- 저어… 이건 사람들이 소원을 담아 돌을 하나씩 쌓아 만든 돌탑 아닌가요? 산에 가면 많이 볼 수 있거든요.

그러자 장군이 차분한 목소리로 설명하기 시작했어요.

이런 곳에 보물이 있다고?

누구나 보물이라고 하면 화려한 빛의 보석이나 신비한 물건을 떠올리지. 아무도 돌멩이가 보물이라고는 생각하지 않을 거다.

아, 그러니까 평범한 모습이기 때문에 오히려 보물이란 사실을 숨길 수 있단 말이죠?

그래, 맞다.

아무리 그래도 돌멩이가 보물이라니….

피니는 어이없다는 표정을 지었고, 밍모는 장군에게 다시 질문을 던졌습니다.

그럼 이 수많은 돌멩이 중에서 어느 게 보물이죠?

그러자 장군이 빙긋 미소를 지으며 말했습니다.

그건 네가 직접 찾아야 한다. 기회는 단 한 번!

그 말에 밍모와 피니는 깜짝 놀라고 말았어요.

네에? 여기 이 많은 돌멩이 중에 숨겨진 보물 하나를, 제가 알아서 찾으라고요?

뭐, 뭐야? 선물로 그냥 주겠다고 했잖아요….

자, 그럼 찾아 보거라.

으으….

밍모는 어쩔 수 없이 돌탑 앞으로 바짝 다가가 보물을 찾기 시작했습니다. 그리고 쌓여 있는 돌멩이들을 하나하나 유심히 살펴보았죠.

하지만 아무리 뚫어지게 봐도 어떤 게 보물인지 알 수 없었어요.

피니도 곁에 와서 거들었어요.

무슨 이상한 빛이 난다거나, 아니면 특별한 표시가 새겨져 있지 않을까?

그런 것도 안 보여. 전부 다 그냥 평범해 보여. 이런 식으로는 찾을 수 없겠어.

밍모의 말을 듣고 있던 장군이 힌트를 주려는 듯 말했습니다.

'굳은 의지'란 특별한 게 아니다. 모든 사람의 마음속에 보물처럼 하나씩 숨겨져 있는데, 다들 그걸 모를 뿐이지.

무슨 소리야?

피니는 전혀 이해가 안 된다는 듯한 표정으로 밍모를 쳐다보았어요.
밍모는 장군의 이야기를 곱씹으며 생각에 잠겼습니다.

특별한 게 아니라… 누구에게나 하나씩 숨겨져 있는 보물…?

한참을 생각하던 밍모는 드디어 알았다는 듯 크게 소리쳤습니다.

알았어! 이 중에서 어떤 돌멩이가 보물인지…!

정말?

밍모는 환한 표정으로 장군을 돌아보며 말했습니다.

그럼 보물을 가져가겠습니다!

장군은 대답 대신 빙긋 미소를 지으며 고개를 끄덕였습니다.

밍모는 돌탑 앞으로 성큼성큼 걸어가 제일 앞쪽에 있는 돌멩이 하나를 주저 없이 집어 들었습니다.

도리어 당황한 건 피니였습니다.

 그, 그렇게 쉽게 골라도 되는 거야? 확실한 거지?

 그렇다니까. 나만 믿어.

그리고 다시 장군을 향해 말했습니다.

 제가 제대로 골랐죠?

그러자 장군도 얼굴 가득 흡족한 미소를 지어 보이며 대답했습니다.

 그래, 맞다. 제대로 고른 사람은 네가 처음이다. 모두들 무엇을 고를까 망설이기만 하다가 보물을 찾지 못했지.

와아! 대단해! 난 아직도 모르겠는데 도대체 어떻게 찾아낸 거야? 응?

피니의 재촉에 밍모는 여유 있게 씨익 웃으며 말했습니다.

의외로 간단해. 이 돌멩이들 중에서 어느 것이든 내가 그걸 보물이라고 믿으면 그게 바로 보물이 되는 거야.

뭐라고? 그럼 아무거나 집어도 되는 거였어?

맞다, 누구나 마음속에 단단한 돌멩이 같은 굳은 의지를 하나씩 지니고 있지. 하지만 그걸 특별한 거라고 생각해서 찾지 못할 뿐이다. 보물도 그와 마찬가지야.

어렵게 생각해서 못 찾는다는 얘긴가?

밍모는 자신이 고른, 아니 자신이 찾아낸 보물을 손에 꼭 쥐어 보며 장군에게 물었습니다.

이 돌멩이에는 어떤 힘이 숨어 있죠?

네 의지에 따라 무엇이든 될 수 있다. 때로는 거대한 돌기둥이 될 수도 있고, 때로는 튼튼한 돌다리가 될 수도 있지.

여러모로 쓸모가 있겠어.

그건 맘에 드는데?

밍모도, 피니도 두 번째 보물에 만족스러운 표정을 지었습니다.

자, 보물도 찾았으니 이제 마지막 세 번째 '정의의 성'으로 출발하자!

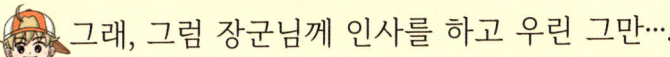 그래, 그럼 장군님께 인사를 하고 우린 그만….

밍모와 피니가 인사를 하려고 돌아서자 어느새 장군은 사라지고 그 자리에는 장군의 모습을 한 동상 하나가 우뚝 서 있었습니다.

어쩔 수 없이 밍모와 피니는 장군 동상에 꾸벅 인사를 하고 '의지의 성'을 빠져나왔습니다.

그런데 막상 길을 나서려니 어디로 가야 할지 알 수가 없었어요.

🐤 생각해 보니 '정의의 성'으로 가는 길을 모르잖아?

🧒 이번에도 비상구에게 도움을 요청해 볼까?

🐤 하지만 주변에 마법 결계가 쳐져 있으면 소용없는걸.

🧒 후유, 그럼 어쩐다?

밍모가 답답한 마음에 한숨을 푹 쉬는 순간… 피니가 무언가 발견하고 외쳤습니다.

🐤 어? 저기 좀 봐!! 모래폭풍이야!

피니의 말에 놀란 밍모는 피니가 가리키는 곳을 보았어요. 정말로 큰 모래폭풍이 다가오고 있었죠.

🧒 어서 피해야… 아니, 잠깐만! 폭풍 속에 누군가 있는 것 같아.

그러고 보니 폭풍 안쪽에 사람의 그림자가 보였어요. 모래폭풍은 가까이 다가올수록 조금씩 잦아들었고, 그 속에 있는 사람의 형상이 좀 더 또렷하게 보이기 시작했어요. 사람이 틀림없는 그 그림자는 쓰러지기 일보 직전인 듯 힘없이 비틀비틀 걸어오고 있었지요.

엉망으로 헝클어진 머리에 초라한 행색의 그 사람은….

🧒 잠깐 저 사람은…?!

그는 바로 '표류된 비지니스맨'이었습니다.

🧒 비, 비지니스맨 아냐?

🐤 어째서 저런 모습으로…?

🧒 잠깐! 뭔가 이상해! 비지니스맨은 '디디'라는 녀석에게
　　납치됐다고 했잖아? 그런데 어째서…?

〈무한의 계단 미래소년 밍모〉5권을 기대해 주세요.

미션6 밍모의 직업 소환 Ⅲ

❶ 조경기술자

어떤 일을 하나요?
공원, 정원, 도로 등에 심을 식물들을 지형과 용도에 맞게 디자인, 계획, 설계하며 조경 공사는 물론 시설을 유지하고 관리하는 일을 해요.

어울리는 직업

플로리스트 꽃, 식물 등을 관리하며, 행사의 목적과 특성에 따라 행사장을 꾸미고 장식하여 분위기를 연출하기도 해요.

조경원 조경에 대한 전문 지식을 바탕으로 도로나 정원 등에 나무나 잔디 등을 심고 가꾸며, 시들지 않고 보기 좋도록 관리해요.

직업 성격 유형 현실형(R)
구체적이고 체계적이며 몸으로 부딪혀 문제를 해결하는 유형

- 성실함
- 체력
- 질서정연
- 원칙주의
- 성취감
- 끈기
- 손재능
- 신중함

나에게 맞는 직업일까? ✅ 나와 가까운 항목을 체크해 보아요.

- ☐ 손으로 하는 일을 좋아하는 편이에요.
- ☐ 꼼꼼하다는 말을 많이 들어요.
- ☐ 일정을 맞추는 것이 어렵지 않아요.
- ☐ 결과가 보이는 일을 하는 것이 좋아요.
- ☐ 실용적인 것을 좋아해요.
- ☐ 기계를 잘 다루는 편이에요.

4개 이상이면 **현실형 직업**과 가까워져요.

❷ 직업군인

어떤 일을 하나요?
국가와 국민을 안전하게 지키고 보호하기 위한 일들을 해요. 일반 병사를 통솔하거나 지휘하고, 정보, 작전, 인사, 군수 등의 전문 분야를 담당합니다.

어울리는 직업

군무원 군부대에서 군인과 함께 일하는 공무원으로, 기술, 연구, 행정 등 각 분야의 전문적인 지식과 자격을 갖고 업무를 수행해요.

특수요원 육상 요원과 해상 요원이 있으며, 정보 수집, 테러 방지, 비밀 작전 등의 특수한 임무를 위해 훈련을 받은 전문가들이에요.

직업 성격 유형 관습형(C)
자료를 정리하는 등의 체계적이고 조직적인 일을 좋아하는 유형

꼼꼼함	계획성
정확함	계산력
조심성	양심적
책임감	정리력

나에게 맞는 직업일까?
☑ 나와 가까운 항목을 체크해 보아요.

☐ 신중하다는 말을 자주 들어요.
☐ 체계적으로 정리하는 것을 좋아해요.
☐ 규칙과 원칙을 잘 지켜요.
☐ 체력이 좋은 편이에요.
☐ 돌발 상황에서 침착하게 행동해요.
☐ 일기나 기록을 잘 쓰는 편이에요.

4개 이상이면 **관습형 직업**과 가까워져요.

미션 6 밍모의 직업 소환 Ⅲ

③ 정밀기기제조원

어떤 일을 하나요?

각종 센서, 제어 장치 등의 부품을 제작 및 조립하여 현미경, 시계, 카메라 등 작고 다양한 기능을 가진, 섬세한 기술이 필요한 기기들을 만들어요.

어울리는 직업

전기공학기술자 전력, 자동화 및 제어 시스템 등의 분야에서 계획부터 설계, 시공 및 감독은 물론 유지 보수와 관리 전반을 담당해요.

공작기계조작원 금속과 같은 다루기 어려운 재료들을 도구나 장비를 이용해 가공하며 이를 이용해 다른 기계와 부품 등을 만들어요.

직업 성격 유형 현실형(R)

구체적이고 체계적이며 몸으로 부딪혀 문제를 해결하는 유형

- 성실함
- 체력
- 질서정연
- 원칙주의
- 성취감
- 끈기
- 손재능
- 신중함

나에게 맞는 직업일까?

나와 가까운 항목을 체크해 보아요.

- ☐ 꼼꼼하다는 말을 자주 들어요.
- ☐ 계획을 세우고 실천하길 좋아해요.
- ☐ 손재주가 좋은 편이에요.
- ☐ 끈기와 인내심이 강한 편이에요.
- ☐ 질서정연한 것을 좋아해요.
- ☐ 혼자 보내는 조용한 시간을 즐겨요.

4개 이상이면 **현실형 직업**과 가까워져요.

④ 보석감정사

어떤 일을 하나요?
보석의 진품 여부와 가치를 평가하고 등급을 매기며 감정서를 작성해요. 또 시장 상황을 파악하여 보석의 가격을 결정하기도 하지요.

어울리는 직업

보석디자이너 보석과 귀금속으로 장신구나 액세서리를 디자인해요. 보석으로 정밀한 세공을 할 수 있도록 디자인, 샘플도 만들지요.

보석세공원 보석과 귀금속의 정밀한 치수와 함량을 맞춰 장신구와 액세서리를 만들고 규격과 결함 등을 검사하기도 해요.

직업 성격 유형 관습형(C)

자료를 정리하는 등의 체계적이고 조직적인 일을 좋아하는 유형

- 꼼꼼함
- 계획성
- 정확함
- 계산력
- 조심성
- 양심적
- 책임감
- 정리력

나에게 맞는 직업일까?
나와 가까운 항목을 체크해 보아요.

- ☐ 책임감이 강한 편이에요.
- ☐ 구체적으로 정해진 일이 편안해요.
- ☐ 정리정돈을 좋아해요.
- ☐ 꼼꼼하게 계획하고 체크해요.
- ☐ 학급이나 사회의 규칙을 중요하게 생각해요.
- ☐ 손재주가 좋은 편이에요..

4개 이상이면 **관습형 직업**과 가까워져요.

직업 소환 미션 성공!

1판 1쇄 인쇄 | 2025년 7월 14일
1판 1쇄 발행 | 2025년 7월 24일
글 유경원
그림 최진규
발행인 심정섭
편집인 안예남
편집 팀장 최영미
편집 담당 이은정, 이영
제작 담당 정승헌
홍보마케팅 담당 김지선
출판마케팅 담당 홍성현, 김호현
디자인 이명헌
인쇄처 에스엠그린
발행처 서울문화사
등록일 1988년 2월 16일
등록번호 제2-484
전화 02-799-9147(편집) 02-791-0708(판매)
주소 04376 서울특별시 용산구 새창로 221-19
ISBN 979-11-7371-750-5, 979-11-6923-923-3(세트)

INFINITE STAIRS ⓒ Neptune
SANDBOX ⓒ밍모 ⓒSANDBOX NETWORK.

전 독자 특별선물 게임 스킨 사용 방법

❶ 스킨 쿠폰 등록 방법

1 타이틀 화면에서 선물상자 버튼을 누르세요.

2 코믹북 이벤트 버튼을 선택하세요.

3 연필 버튼을 눌러 번호(띠지 뒷면)를 입력하고, 쿠폰 확인 버튼을 누르면, 밍모 스킨을 받을 수 있어요.

❷ 스킨 사용 방법

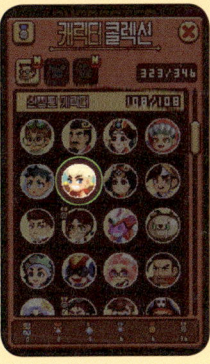

1 타이틀 화면에서 캐릭터 버튼을 누르세요.

2 캐릭터 선택창에서 캐릭터 컬렉션 버튼을 누르세요.

3 밍모 캐릭터를 선택하세요.

4 미래소년 밍모 스킨을 선택하세요.

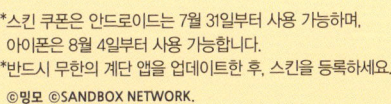

*스킨 쿠폰은 안드로이드는 7월 31일부터 사용 가능하며, 아이폰은 8월 4일부터 사용 가능합니다.
*반드시 무한의 계단 앱을 업데이트한 후, 스킨을 등록하세요.
© 밍모 © SANDBOX NETWORK.